力行课堂教学
——一位小学校长的课改之路

李金禄 著

海峡出版发行集团 | 海峡文艺出版社

图书在版编目(CIP)数据

力行课堂教学:一位小学校长的课改之路/李金禄著.
—福州:海峡文艺出版社,2022.5
ISBN 978-7-5550-2962-5

Ⅰ.①力… Ⅱ.①李… Ⅲ.①课堂教学－教学改革－研究－小学 Ⅳ.①G622.421

中国版本图书馆 CIP 数据核字(2022)第 067264 号

力行课堂教学
——一位小学校长的课改之路

李金禄　著

责任编辑	蓝铃松
出版发行	海峡文艺出版社
经　　销	福建新华发行(集团)有限责任公司
社　　址	福州市东水路 76 号 14 层
发 行 部	0591－87536797
印　　刷	福州力人彩印有限公司
厂　　址	福州市晋安区新店镇健康村西庄 580 号 9 栋
开　　本	720 毫米×1010 毫米　1/16
字　　数	220 千字
印　　张	16.25
版　　次	2022 年 5 月第 1 版
印　　次	2022 年 5 月第 1 次印刷
书　　号	ISBN 978-7-5550-2962-5
定　　价	52.00 元

如发现印装质量问题,请寄承印厂调换

前　言

　　时光飞逝，30多年的教育旅程，30年的校长履职。从村小学到乡镇中心小学，再到县城二小，一路走来，历经重重教育变革，酸甜苦辣、得失成败；但不改育人初心和使命，用爱和汗水播下教育希望的种子，收获教育满满的幸福。蓦然回首，在自己平凡的教育人生中，也处处闪烁着教育的智慧，浸透着自己对教育的热爱，更有对教育的种种思考、探索与实践。印记最深也是最值得我提起和回味的，当数我在课堂教学改革方面所取得的成效。从教以来，凭着对教育的挚爱和对课堂教学改革的执着，我不断学习、探究、践行、追寻，一直行走在课堂教学改革的路上。从2000年3月提出"主体意识"课堂教学，到2014年10月提出"重学巧教"课堂教学，再到2018年9月提出"力行"课堂教学——我探索着、改革着、创新着，使课堂教学得到实效性的改善，极大地促进了教育教学质量的提升，也赢得教育主管部门和社会各界的赞许，改革成果在明溪全县推广并在多个县区交流。

　　虽为校长，我仍身体力行，坚持一线教学，主持了多项省、市、县级课题的研究，与教师们携手进行课堂教学改革，把课堂教学中的问题变成研究专题，把教案变为学案，把讲堂变为课堂和学堂。教师们用新思想、新理念、新方法来规范自己的教学行为和指挥自己的教育教学活动，忠实践行着新一轮课程改革精神。许多教师以奔跑的姿态成长在"力行"前进的路上。"衣带渐宽终不悔，为伊消得人憔悴。"30多年的教学磨砺呈现出的改革教学理念、教育思想和教育管理实践智慧，是我和我的团队全体师生的共同成果。而今我虽已华发渐生，但仍勇立潮头，执着地站在课改的最前沿，以匠人之心、匠人之能、匠人之德，在探索中不断总结，在总结中努力提升，形成了适合新课程理念的"力行"课堂教学改革成果；先后还撰写并出版了两部专著，发表了50多篇论文，其中16篇论文在CN刊物上发表。

　　面对新时代的教育理念变革，我深刻地认识到：课堂教学的核心——教与学已发生根本性转变，教学的主角由教师变为学生，学生成为课堂教学的主体因素。课堂教学中要充分发挥学生的主体地位，积极引导学生自主、合作、探究地学习，让学生积极动手、动脑、参与教学过程，这样才能使课堂学生的学习真实发生，从而带领学生成功走向知识，使他们成为真正的学习主人。"力行"课堂教学正是在这样的教学环境中生成的。

　　本书共设一个导论和四章内容，导论主要阐明课堂教学改革的重要意义及其本质规律；第一章首先介绍"主体意识"课堂教学改革；第二章是介绍"重学巧教"课堂教学改革；第三章是介绍"力行"课堂教学改革；第四章是介绍"德法"学科课堂教学改革。

　　本书旨在记录课堂教学改革的有效做法和成功经验，以继续激励我们做更多的实践探索，让教学改革之路一直延伸下去。同时，期待能为其他学校、教师进行课堂教学改革提供可资借鉴的经验和教训，让课改之路走得更通畅，为新时代培养创新型人才提供帮助。

目 录

导论　课堂教学改革的意义及其本质规律 …………………………… 1
第一章　"主体意识"课堂教学改革 …………………………………… 6
　第一节　重视教改实验，促进学校发展 ……………………………… 6
　第二节　"主体意识"课堂教学课题活动情况 ……………………… 11
　第三节　"主体意识"课堂教学主题研讨案例及教师论文 ………… 26
第二章　"重学巧教"课堂教学改革 …………………………………… 45
　第一节　"重学巧教"课堂教学改革探究 …………………………… 45
　第二节　"重学巧教"课堂教学课题开题活动 ……………………… 53
　第三节　"重学巧教"课堂教学课题中期活动 ……………………… 66
　第四节　"重学巧教"课堂教学课题结题活动 ……………………… 92
　第五节　"重学巧教"课堂教学课题研究案例及教师论文 ………… 105
第三章　"力行"课堂教学改革 ………………………………………… 116
　第一节　"力行"课堂教学改革探究 ………………………………… 116

第二节 "力行"课堂教学课题开题活动 …………………… 121

第三节 "力行"课堂教学课题中期活动 …………………… 144

第四节 "力行"课堂教学课题结题活动 …………………… 183

第五节 "力行"课堂教学课题研究案例及教师论文 ………… 212

第四章 "德法"学科课堂教学改革 ………………………… 236

第一节 小学道德与法治"四步教学法"探究 ……………… 236

第二节 小学道德与法治"四步教学法"实践感悟 ………… 240

第三节 "德法"学科课堂教学主题研讨案例 ……………… 243

参考文献 …………………………………………………………… 250

导论 / 课堂教学改革的意义及其本质规律

新时代呼唤新课程，新课程需要新课堂。"双减"新政下的新课堂更需要积极开展课堂教学改革，努力构建高效课堂，提高课堂教学效率，推动学校教育高质量发展，这已成为学校教育改革的必然趋势和永恒主题。然而，课堂教学的改革、高效课堂的打造在各学校中行动不一，其主要原因还在于：各校对打造高效课堂的认识不一，高效课堂理念还未深入教育者之心，不少学校领导和教师对打造高效课堂不够重视，决心和力度都不够大。因此，我认为：作为新时代的教师，要与时俱进、踔厉奋发地推动高效课堂改革的深入发展，自觉把这场功在当代、利在千秋的教育变革进行到底。

一、课堂教学改革是新时代发展的需要

当今世界的竞争，说到底是人才的竞争、教育的竞争。在国际竞争日趋白热化的今天，越来越多的国家将以人才立国作为基本国策，把人才战略上升为国家重点战略，走人才强国之路。世界正在展开一场没有硝烟的争夺全

球顶尖人才的文明大战,这场战争将主导国家前途。美国前总统奥巴马在位时向美国人呼吁:"美国的未来取决于教师。我呼吁新一代美国人挺身而出,到教室里为国效力。"俄罗斯前总统梅德韦杰夫说:"中小学教育无论形式还是内容都应有较大的转变。学校里的学习应该是愉快、有趣、令人向往的。"我国著名科学家钱学森在与国务院原总理温家宝谈及中国教育时,曾经两次问道:"为什么我们的学校总是培养不出创新型人才?"这个令人深思的问题呼唤着中国教育要改革,要为培养创新型人才、建设创新型国家而奋斗。新课程改革正是在这一背景下出现的国家行动。自2001年全国开展新课程改革至今已有20多年了,然而在各地、各校、各教师中步调不一、成效不同。特别是在与我们一样的山区县农村学校,不少教师还在用填鸭式、灌输式的传统方式教学——这样的课堂使学生成了旁观者,学生的思维能力和实践能力根本得不到培养,又何谈能培养出创新型人才呢?更谈不上能打赢新时代人才竞争的大战。这样的课堂势在必改,这是我们广大人民教师责无旁贷的选择。所以,课堂教学改革是新时代发展的需要,我们每一个教育人都应当自觉投身这场教育变革大战中,为打赢21世纪人才争夺战而努力奋斗。

二、课堂教学改革是现实课堂改革的迫切需要

认知心理学理论强调,教师的角色应是学生建构知识能力的忠实支持者。教师必须通过激励与唤醒,为学生创设一种良好的学习环境,让学生在安全、欢快的氛围中自主、合作、探究学习,让学生成为学习的主人。可是,我们许多教师的现实课堂却往往变成教师的"讲堂",教师只注重知识传授,大搞"一言堂",教师仍是课堂上高高在上的"统治者",严重剥夺了学生学习的主体地位。尤其是在我们这样的山区县,有不少教师的现实课堂仍是被知识传授所主宰,学生被教师牵着鼻子走,填鸭式、灌输式、被动地接受学习。这样的课堂扼杀了学生的个性和思维能力,缺少生气与活力;这样的课堂让学生成为知识的奴隶,没有幸福和快乐可言。这样的"讲堂"与落实"立德树

人"和培养创新型人才是相悖离的。这种"讲堂"真到了不改不行的地步!

因此,进行课堂教学改革义不容辞、刻不容缓。应变"讲堂"为课堂和学堂,把课堂还给学生,为学生的全面发展创造相应条件,尊重学生身心发展的特点和教育规律,使学生生动活泼、积极主动地得到发展。现在的课堂,教师必须要转换自己的角色,让自己成为学生建构知识的帮助者和引导者。教师要"重学巧教",积极引导学生善于自学,注重激发学生的学习兴趣,引发和保持学生的学习动机。因而,教师在课堂上应创设情景,明确目标,强化学生自主合作,展开讨论和交流。师生互动过程应力求着眼于发展学生的个性和能力,特别是培养学生适应社会的能力和创新精神。只有学生学习的愿望被激发,学生的学习情趣和思维能力才能得以慢慢提升和发展,才能为时代发展培养造就高素质的人才,最大限度提高全民素质。我们的教育工作者使命伟大,责任重于泰山!

三、课堂教学改革是心理认知规律的需要

心理学认为,记忆并不是信息的原样储存,而是信息的不同水平的加工。人对学习材料的加工水平越深,保持得就越好。因此,课堂上的学习活动不一定要多热闹,关键在于活动能否引起学生对学习材料的深度加工。只有自主、探究、合作的学习方式才是符合这一规律的,这也是区别于传统教学的根本。卡尔·罗杰斯曾经担任过美国心理学会会长,创建了人本主义心理治疗理论,倡导"当事人为中心"的心理治疗方法,在心理治疗领域具有深远的影响。他是从心理学的视角来探索教育问题的:他根据人本主义心理治疗的原理,提倡"以学生为中心"的人本主义学习,提出学习是人自我价值实现的需要,是个人潜能和人格的充分发展。从这个意义上说,学习是学习者自己的事,应该也只能靠他们自己的努力来取得成效。辩证唯物主义的基本原理告诉我们:内因是事物发展变化的依据,外因是事物发展变化的条件,事物的发展变化主要由其内部因素决定。因此,学生在学校里发展成长的可

能与结果，主要由其自身决定。辩证唯物主义的原理为"以学生为中心"的教育理念提供了哲学依据。这一原理有力地支持了"以学生为中心"的观点，表明学生是学习的主人，在教与学这对矛盾中处于矛盾的主要方面；同时，也使学生意识到自己是未来命运的决定者，学习的成败掌握在自己手中。

四、课堂教学改革应遵循教育的本质规律

自然界一切具有生命的个体，都有其自然生长规律。孩子的成长也有内在本身规律。作为教育工作者，要心存对自然规律的敬畏，遵循教育的本质规律，让课堂教学回归本真，回归学生的身心发展规律和认知学习规律。

（一）要服务孩子"自然成长"

法国教育家卢梭强调"教育即自然成长"，"除了成长，别无目的"。我国教育家叶圣陶视"教育是农业，不是工业"，其意是指：教育切忌抄近路、违背规律、拔苗助长，切勿走捷径、急功近利、畸形怪长，而要善于等待、"自然成长"。因此，应给予孩子成长自由的权力，让孩子的自由天性得到释放，让孩子真正过上自由快乐的童年生活。

（二）要启迪孩子"自己成长"

每一个孩子的身上都有着成长的燃料，只要智慧地点燃，成长之火就会熊熊燃烧。苏格拉底强调"每个学生身上都有太阳，教育应是能把学生内心太阳释放出来的努力"，这种努力的最有效方法"不是教给他什么，而是教会他如何去思考"，这种努力的最高境界"不是灌输，而是点燃火焰"。

（三）要引领孩子"自由成长"

教育家陶行知早就呼吁教育要实现"六大解放"，即解放学生的头脑、双手、眼睛、嘴巴、空间、时间，引领学生"自由发展"。爱因斯坦认为："在一切伟大的精神创造者身上，都鲜明地保持着两种特质：一种是神圣的好奇心，一种是内在的自由。"他认为"这两种特质要靠'外在的自由'作保证"。因此，我们的教育应自觉以"外在的自由"来保证学生成长的"内在自由"，

注重引导不折腾、浸润不强执、滋养不教训、解放不控制，促进学生"自由成长"。

（四）要促进孩子"自觉成长"

教育的过程，就是让每一个生命焕发价值的过程。学校就是给孩子们播种理想、追逐梦想的试验田。教育的使命就是要为不同个性的儿童培土、浇水、施肥、除虫，营造一个自由、宽松、适宜成长的生态环境。除了成长，教育别无目的。唤醒成长自觉，才是教育更为重要的使命。儿童文学作家秦文君曾说："教育应是一扇门，推开它，满是阳光和鲜花，它能给小孩子带来自信、快乐。"

第一章
"主体意识"课堂教学改革

第一节 重视教改实验,促进学校发展

发展才是硬道理,要发展就必须改革。

反思传统的课堂教学,最大的弊端是学生的主体地位没有得到体现:课堂上以教师中心、教师满堂灌,教师讲、学生听,教师问、学生答;学生发问的机会少,甚至没有,只能按老师设计好的程序,去死记硬背教师所传授的知识……教师的这种主导,几乎完全代替了学生的主体,导致学生主体地位丧失,课堂沉闷、缺乏活力……由此可见,改革传统的课堂教学模式,让课堂充满生机与活力,真正发挥起实施素质教育的主渠道、主阵地的作用,构建学生自主学习的主体性课堂教学模式刻不容缓。为此,明溪县瀚仙学区高度重视教改实验工作,把教改实验工作作为学区教育教学改革与发展的中心工作,提出了"主体意识结构"教学实验课题,制定了《瀚仙学区教研兴校活动实施意见》。现将学区教改实验情况作如下汇报。

一、提高教改意识，重视教改实验

当前，素质教育对教师提出了更高的要求。全面提高教学质量，培养学生的创新能力是素质教育的重点；而传统的教学模式已很难适应新要求，确定一种适应素质教育要求的课堂教学结构模式已势在必行。为此，学区借鉴外地教改经验，并结合本学区课堂教学现状，确定了"主体意识结构"教改实验课题。

为了搞好这项工作，学区根据明溪县"教研年"活动要求，于2000年3月制定《瀚仙学区教研兴校活动实施意见》，对学区教研兴校工作作了全面部署。一是明确了指导思想。即：改革传统的课堂教学模式，推行新世纪适应素质教育要求的课堂基本教学方法，真正体现学生自主学习的主体性，提高教师素质教育的水平和能力，发挥课堂教学实施素质教育主渠道的作用，全面推进素质教育实施进程，培养一代具有创新精神和实践能力的新型人才。二是确定了奋斗目标。即：两年内，在全学区全面铺开"主体意识结构"教学基本模式；三分之二的教师有县级论文，三分之一的教师有市级论文，力争在CN刊物发表3~5篇论文；二分之一的教师有实验课题，三分之二的教师能上公开课，形成浓厚的教改氛围。三是落实保障措施。第一，加强领导，精心组织，成立"瀚仙学区教研兴校"领导小组，成立语文、数学课题实验小组，确定首批实验班级，处室人员挂包实验班；第二，重视改善教研条件，保证教研活动经费，逐步添置现代化教学设施；第三，建章立制，规范教研，把教研工作作为完小校长及教师工作考核的一项重要内容，奖优、罚懒。

各校认真组织老师学习《瀚仙学区教研兴校活动实施意见》。通过学习、探讨，学区上下进一步明确了教改的目的与意义，提高了抓教改、促发展的意识，增强了教改实验的紧迫感。

二、狠抓落实，扎实开展课堂实验

（一）认真部署课题实验工作

1. 加强领导，成立学区教研兴校领导小组。领导小组组长由学区校长李金禄亲自担任。语文组组长为汤必文，组员有李琴、张华、欧仙龙、邱怡芳、陈慧蓉、温清姬、林庆端、曾桂招、吕联辉；数学组组长为黄明生，组员有林清荷、邓凤、杨元和、邓火根、何颖、李菊莲、吴珍、汤兴荣、梁隆伟。

2. 确定实验班和实验教师：中小四语张华老师，王陂小学五语陈慧蓉老师，岩里小学五语邱怡芳老师，四数何颖老师，五数邓凤老师，六数林清荷老师，三思品洪美珠老师，五自然黄明生老师。其中，中小四语、王陂五语、岩里五语作为县实验班。

3. 安排课题实验步骤。第一，理论学习阶段（3月至4月中旬）；第二，树立典型阶段（4月中旬至5月中旬）；第三，总结铺开阶段（5月下旬至9月）；第四，全面推进阶段（9月下旬开始）；第五，总结表彰阶段（10月下旬，评选"主体意识结构"教学优质课和优秀论文）。

（二）狠抓实验班与课题组的教改实验，发挥典型引路作用

1. 组织课题实验组成员学习有关理论知识，研究讨论课题实验的具体做法，初步形成了"主体意识结构"教学的基本模式。

2. 要求实验班的教师认真制定课题实验计划，计划要分阶段进行，要有阶段实验目标和阶段实验课题，并认真做好阶段性实验小结。

3. 扎实课题实验，不断总结经验，完善"主体意识结构"教学设想。

4月11日，学区召开第一次研讨会，请明溪县教师进修学校陈校长、小学语文教研室教研员到会指导。会上研究部署课题实验工作，要求实验课题组每周集中研讨一次。

4月14日，中小四年级语文教师张华首先运用"主体意识结构"教学新方法进行公开课教学。进修学校培训处教师及学区班子成员听完后，给予充

分肯定，并针对各环节存在问题进行了探讨。

4月21日，学区课题实验组进行第二次研讨，由中小张华老师上了"倔强的小红军"、林清荷老师上了"分数的意义"公开课。通过这一次研讨，课题组成员更加明确了实验的意义和可行性，进一步形成了"主体意识结构"教学的设想。

之后，学区要求5月10日前，课题组成员人人上公开课，进行课题实验。截目前，共计开公开课26节。通过前一阶段的实验，课题组的绝大部分教师都能较好地掌握"主体意识结构"教学的方法。

（三）重视教改实验的阶段性总结

课题组成员通过实验与研讨，掌握了大量的实验材料，在取得成效的同时，也暴露出不少的问题。针对存在的问题，学区教务处课题组成员在进修学校有关教师的指导下，积极研讨，提出改进措施，确保实验健康、有序发展。尤其是李金禄校长，通过课题组实验，对最初的"主体意识结构"教学设想进行不断改进和完善。如原来的"合作学习"在"检查自学"之后，现将其提到前面；为体现全面性，又提出"应用提高"这一环节……几易其稿，终于总结和推出"主体意识结构"教学模式。

（四）总结铺开"主体意识结构"教学课题实验

通过前一段的实验、总结，已经形成了"主体意识结构"教学的基本模式，向学区铺开的条件已经基本成熟。

首先，学区校长李金禄同志每到一个学校，在评实验课的同时，都会进行"主体意识结构"教学设想的讲座。全体教师通过学习，进一步了解了"主体意识结构"教学的基本模式。

其次，各校通过课题实验组教师的公开课教学，向教师具体展示了"主体意识结构"教学的基本环节和方法。同时，学区把《"主体意识结构"教学设想》下发到每位教师手中，做到人手一册。各校教师都能依据《"主体意识结构"教学设想》，结合听过的实验公开课，在各自的班级进行实验，争取尽快掌握新方法教学，以适应素质教育的要求。

三、教改实验初见成效

一是课题组实验班教师已基本掌握其教法，全学区的教师都能根据自身与学生实际，确定自己的实验与课题，扎实开展教学实验。尤其是林清荷、欧仙龙两位老师，在5月16～17日明溪县教育局举办的"青年教师教学比武"中，运用"主体意识结构"教学新方法进行公开课教学，取得良好教学效果，得到了好评。

二是学生主体地位得以充分体现，自学能力、质疑问难、合作学习等能力得以提高，特别是创新能力得到发展。

通过一个多月的认真研讨和扎实实验，"主体意识结构"教学专题教改实验虽然已初见成效，但也不难发现还存在许多问题。今后，学区将进一步深入开展"主体意识结构"教学课题实验，努力使"主体意识结构"教学模式趋于科学、完善。

第二节 "主体意识"课堂教学课题活动情况

一、"主体意识"课堂教学课题申报表

明溪县基础教育教学改革课题研究申报表

学校：瀚仙学区　　　　　　　　　　　　　　填表时间：2001年11月10日

课题名称	"主体意识结构"教学模式					
课题负责人基本情况						
姓名	李金禄	年龄	37	性别	男	职称	小学高级	职务	学区校长
工作单位	明溪县瀚仙学区				电话	2790111
通讯地址	明溪县瀚仙学区				邮编	365201
课题参加者基本情况						
姓名	年龄	职称	职务	工作单位		
陈慧蓉	31	小一	学区团支部书记	瀚仙学区石珩中小		
邱怡芳	31	小一	完小校长	瀚仙学区岩里小学		
曾桂招	31	小一	教师	瀚仙学区岩里小学		
欧玉媚	23	小一	教师	瀚仙学区龙湖小学		
林庆端	35	小一	学区总务主任	瀚仙学区		
课题完成时间	2003.12		成果形式	形成模式		

续表

研究本课题的意义；课题的研究目标及关键问题；预计要突破哪些难题及课题的创新之处；课题的基本研究过程（阶段）；课题研究的方法与手段（不够可加附页）。
运用"主体意识结构"教学模式进行教学，对语文重点段的理解和突破往往不到位。研究本课题的目的就在于如何突破重点段，如何抓住并突破主要问题，解决语文重点。 课题的研究必须解决： （1）语文重点段的出示时机； （2）重点段的教学艺术； （3）重点段分析到什么程度。 课题研究的基本过程： 第一阶段：语文重点段的出示时机问题的研究； 第二阶段：不同的语文对重点段的分析应怎样处理； 第三阶段：较完整地突破语文重点段的教学模式的形成。 课题研究主要以突破教师在日常教学过程中探索、实践、总结经验，最后形成模式。全体教师也应积极举办研讨、实验，争取两年内取得成效。

课题申报人所在单位意见 （盖章）	县教师进修学校意见 （盖章）	县教育局意见 （盖章）

二、"主体意识"课堂教学改革初探

学生是认知的主体。确立学生的主体地位，是优化课堂教学的核心问题。"主体意识结构"的教改思路，就是遵循学生的认知规律和身心发展规律，把学生自主学习作为教学手段，不断激发学生进取，鼓励学生主动参与和勇于探索，从而实现从"学会"到"会学"的飞跃。

（一）"主体意识结构"教学的基本原则

"主体意识结构"教学，是指在教师的指导和调控下，由师生双方共同营造的一种有利于学生自主地学习，有利于学生智力因素和非智力因素的正常发挥，有利于学生学习能力的提高，有利于学生良好学习习惯的形成的学习氛围。为此，"主体意识结构"教学应该坚持如下原则：

1. 以学生为主体、教师为主导的原则

叶圣陶先生说过："各种学科的教学都一样，无非教师帮着学生学习的一串过程。"这个过程，实质上就是学生逐步摆脱教师的过程，而不是教师将学生"物化"为知识容器、离开教师什么也不会的过程。以往教学的失败，就在于制造了学生对教师的盲从和依附。"主体意识结构"教学必须突出学生的主体意识和学习意识，让学生在学习中表现出愿学、好学、乐学、勤学、独立学的情感状态；教师的主导作用主要在激活学生的思维方面下功夫，导情、导路、导疑，让学生脑子动起来，积极主动地去学习、去探索、去发展。

2. 个体探索与群体研讨相结合的原则

"学生学习客观上存在个体差异性"，差异性是普遍存在的。所以，学生的超前自学探索，不能要求他们"齐步走"，而应提倡"异步走"，鼓励他们在个体探索中去发现问题、提炼问题。课堂教学又是整个教学工作的中心环节。"主体意识结构"教学在强调课前学生个体探索的基础上，在课堂教学中通过师生合作、生生合作来解决学生个体探索所遗留下来的问题，来满足不同发展水平学生的学习需求。"主体意识结构"教学对建立一个适合于学生在独立学习基础上，进行课堂合作学习活动的课堂教学结构起到了优化作用，并能充分发挥群体功能，大大促进了团结协作的集体观念的形成，激发了互帮互助的集体主义精神，增强了学生的群体意识。

3. 创新能力与全面发展相结合的原则

要推行素质教育，培养学生的创新精神，必须改变跨越学生思维过程的单向灌输的直接讲授的观念，必须改变把教师作为传授的一方、把学生作为接受一方的现状。"主体意识结构"教学改变了教师带着教材走向学生，体现"教师中心论"的倾向；而是让学生通过个体探索，带着教材走向教师，学生口动、心动、脑动、手动，学生学习过程的个性色彩越来越鲜明，学生的潜力、创造性思维得到充分发挥，在个体探索和群体研讨的实践活动中激发了学生的创新意识，培养了创新能力。"主体意识结构"教学以学生为主体，有效地发挥学生、教材、教师的综合潜力，学生的创新意识和实践能力得到有机结合，学生的个性心理品质和综合素质在课堂教学中寻求到发展的空间，学生的能力也得到全面发展。

(二)"主体意识结构"教学的基本模式

教学模式，是指较为稳定的教学结构活动框架和活动程序。活动框架是从静态的角度来规范体现教学活动所必须具有的基本操作要素，活动程序则是从动态的角度来规范体现这一教学活动的大致操作顺序。

"主体意识结构"教学的基本模式为：自学存疑—检查反馈—合作学习—质疑问难—导学释疑—应用提高。

自学存疑：这是学生自主探知的过程。学生根据老师布置的自学提纲进行学习，尽可能地发挥主观能动性，结合自己的"已知""旧知"来获取"新知"、探究"未知"。在自学中，他们把不懂或不理解的问题记在笔记本上。这样既培养了学生的自读能力，又养成做读书笔记的习惯。

检查反馈：这是学生展示自学成果、自学过程以及自学体会的机会。这个环节，让学生无拘无束地把通过自学理解了哪些内容、掌握了什么学习方法、感悟到了什么、是怎样悟得的等展示给教师和同学。课堂上，教师根据教学内容、目的要求，相机检查学生独立自学的情况，了解学生通过自学获得了什么、学会了什么、还有什么不了解的等等。

合作学习：差异性决定了学生在独立探求知识过程中，必定有不同的收获、不同的疑难和理解不透的地方。这时，教师可根据检查反馈所发现的问题，发挥学习小组的功能，组织学生研讨；学习小组通过合作学习，集中集体的智慧来解决自学中存在的疑难问题，并且把合作学习中无法解决的问题准备在质疑问难环节时提出来。

质疑问难：爱因斯坦曾经说过："提出一个问题比解决一个问题更重要。"世界上许多发明创造都源于"疑问"。"质疑"是开启创新之门的钥匙。在教学过程中，要积极培养学生勤于思考问题、敢于质疑问难的能力。对学生的质疑，即使是幼稚可笑的，也不能轻易否定或讽刺挖苦。这个环节，要让学生把在独立自学和合作学习中不理解的问题、无法解决的问题，在课堂上提出来。对于简单的问题，教师可相应地引导，及时地解决；对于切入课文重、难点，又一时无法解决的问题，可在导学释疑环节时再解决。

导学释疑：在学生学习、交流、讨论的过程中，教师对学生的疑难问题或理解不深的地方，重新组合，结合教材特点、基本功训练重点进行适度地点拨引导。引导要注意角度，找准切入点，让学生一课一得；引导要注意深度，要解决重点，化难为易；引导要注意厚度，要一步一个脚印地、一步一个层次地引导学生去实现课堂教学目标。

应用提高：这是对学生所学的知识和方法的检验，使学生进一步感悟知识，提高自学能力。即教师根据本课的教学要求、教学重难点，结合班级学生情况，设计有层次、分梯度的课堂练习，做到下要保底、上不封顶，从而最大限度地提高课堂效率。

（三）"主体意识结构"教学的基本特征

"主体意识结构"教学以学生积极主动参与知识的形成过程为前提，以学生自主学习、实践探索为基础，以学生有尽可能多的思考空间为着眼点，求得课堂教学的优化。为此，"主体意识结构"教学具有以下四个基本特征。

1. 主体性。弘扬学生的主体意识和主体行为，确立学生的主体地位，最大限度地发挥学生的主观能动性和积极参与的学习意识，让学生在主动学习、主动求知、主动探索中，不断完善和发展自己的素质。

2. 民主性。师生间建立和谐、融洽的关系，教师始终如一地平等对待学生；教师尊重学生的人格，尊重学生的个性特长、思维方式和发展志向；教师精心营造轻松愉快、生动活泼的学习氛围，让学生在愉悦的环境中、在课堂双边活动和评教评学活动中，自由发言、大胆质疑、积极思维、努力探索，达到自我完善。

3. 全体性。面向全体学生施教。注重学生个体差异，承认学生个体差异，为每一个学生提供适合自身条件的自学机会，并通过自我学习来满足不同程度学生的需求，开发他们的学习潜能；同时通过师生之间、生生之间的合作，使不同层次的学生都能在原有的基础上得到提高，使每一个学生都能在其天赋允许的范围内得到充分发展。

4. 发展性。立足于创造能力和创新意识的培养。课前，让学生自主学习课文，敢于实践、敢于质疑，实现适度超前的要求，为提高课堂教学效率打基础；课内，让学生带着教材走向教师，去追求"自能读书"的目标；课后，不留作业，让学生有更充裕的时间发展自己的专长、展示自己的才华。一切为着学生未来发展服务，使学生在心理上、智能上、做人上都能全面发展。

三、"主体意识"课堂教学改革中期报告

本部分内容以瀚仙学区"主体意识结构"教学专题教改实验情况汇报材料为例，具体内容如下：

教研是提高教师素质的主要途径，是促进教育教学领域改革与发展的重要措施，是强校之本。2000年是明溪县教育局确定的"教研年"。为此，学区

高度重视，把教育教学改革实验工作作为学区的首要工作，创新地提出了"主体意识结构"教学实验课题，制定了《瀚仙学区教研兴校活动实施意见》，并认真组织实施，落实《瀚仙学区教研兴校活动实施意见》精神。一年多来，通过学区上下共同努力，专题教改实验工作取得了显著成效，完成了预定计划，实现了"教研年"的奋斗目标，呈现出了生机蓬勃的教研景象，促进了学区教育教学工作的进一步发展。现将我学区"主体意识结构"教学专题教改实验情况作如下汇报：

（一）提高认识，明确目标，增强教改实验的责任感和紧迫感

以往传统的教学模式已很难适应新要求，确定一种适应素质教育要求的课堂教学结构模式势在必行。需形成一种具有高效率的课堂教学模式，使之成为既提高教学质量又推进素质教育工作的保证。为此，学区借鉴外地教改实验经验，并结合本学区课堂教学现状，确定了"主体意识结构"教改实验课题。

为了搞好这次工作，学区根据县"教研年"活动要求，在 2000 年 3 月制定《瀚仙学区教研兴校实施意见》，对学区教研兴校工作作了全面部署。一是明确了指导思想。即：改革传统的教学模式，推行新世纪适应素质教育要求的、新型的课堂基本教学模式，真正体现学生自主学习的主体性；提高教师素质教育的水平和能力，发挥课堂教学实施素质教育主渠道的作用，全面推进素质教育实施进程，培养一代具有创新精神和实践能力的新型人才，促进学区工作的深入发展。二是确定了奋斗目标。即：两年内，在全学区全面铺开"主体意识结构"教学模式；三分之二的教师有县级论文，三分之一的教师有市级论文，力争在 CN 刊物发表 3~5 篇论文；二分之一的教师有实验课题，三分之二的教师能上好公开课，形成浓厚的教改氛围。三是学区召开了由班子成员、完小校长、中心教研组组长参加的"教改专题实验动员会"，传达了县教育局"教研年"工作精神；各校认真组织老师学习《瀚仙学区教研兴校活动实施意见》。通过学习、讨论，学区全体教师进一步明确了教改的目

的与意义，提高了抓教改、促发展的意识，增强了教改实验的紧迫感。

（二）注重实效，落实措施，扎实稳步地开展课题实验活动

为了搞好"主体意识结构"教学课题实验，学区注重实效，落实措施，扎实稳步地开展了一系列课题实验工作。一是加强领导。成立课题实验领导小组，组长由学区校长李金禄同志担任；同时，成立了骨干教师组成的语文、数学课题实验小组。二是确定学区实验班级和实验教师。语文：中小四语张华、王陂五语陈慧蓉、岩里五语邱怡芳；数学：中小六数林清荷、五数邓凤、王陂四数何颖。学区还建立了班子成员挂包实验班的制度。三是建章立制，规范教研。第一，把教研工作纳入《完小校长工作考核办法》《教师工作考核办法》，并作为重要内容。第二，学区性教研活动每学期两次以上，片级教研每学期两次以上，学校做到每学期每位教师至少上一节公开课。第三，每学期每位教师撰写一篇实验论文。第四，奖优罚懒，对在县级以上获奖（论文、公开课等），按学区规定给予奖励；对不积极参与教研活动、业务极差的教师实行一票否决，不评优、评先、评聘教师职务。四是狠抓实验班、课题组的龙头实验工作，发挥典型引路的作用。要求实验班教师认真制定课题实验计划，计划分阶段进行，每阶段有实验目标和实验子课题，并按计划认真开展实验。一年多来，学区级研讨课开了12节、片级36节，设题实验小组集中研讨15次，实验班教师共开36节实验课。每次开课，都组织课题小组成员听课、评课，修改并完善实验方案，使之成为学区专题实验的典型带头人，成为带动学区专题实验工作的龙头，发挥其引路先锋的作用。除了经常为学区教师开公开课、观摩课外，学区还组织4位带头人到薄弱校上了一节示范课，效果非常好。这次示范课反映出"主体意识结构"教学模式适合于不同学校、不同年级、不同程度学生的课堂教学，尤其对差生有很大的促进作用。同时，也再次证明了此模式的先进性：课堂气氛宽松、民主、和谐、活跃；学生主体地位得到充分体现；课堂效益高，学生的创新精神和实践能力得到充分培养和提高；学生自学能力强，真正体现了自主学习。五是落实课题的申报审批工作。学区要求有进行实验的教师都要确定实验课题，课题要报学区审批。目前，有79位教师的课题已经学区批准并打印成册。六是重视教改实验的阶段性总结。学区要求课题实验小组的成员每阶段的实验都要认真地总结，总结好的经验，找出本阶段实验的不足之处，提出下阶段的补强意见，使"主体意识结构"教学模式得到逐步完善、科学。七是总结铺开"主体意识结构"教学模式的课题实验。学区在总结实验班经验的基础上，形成了较为稳定的"主体意识结构"教学基本模式，扩大实验范围的条件已基本成熟。于是，2000年5月中旬开始，中小三分之二的班级、完小有2～3个班级进行实验。八是全面推进课题实验工作。通过半年的扎实实验，学区已形成了强烈的实验氛围。在总结铺开、扩大实验范围阶段取得成效的基础上，学区从2000年9月下旬开始在学区各校全面推开。要求三至六年级所有教师都应运用"主体意识结构"教学模式进行教学，积极参加教改实验。九是重视做好经验总结及表彰工作。为了总结经验、表彰先进、鞭策后进，促进学区教改实验工作的深入发展，学区于2000年12月13～19日评出了六节"主体意识结构"教学模式的优质课；选出了20篇具有较高质量的专题论文，编印首辑《瀚仙学区"主体意识结构"教学专题论文集》。

（三）加大力度，不懈努力，深化"主体意识结构"教改实验

2001年，继续加大课堂教学改革力度。根据明溪县教育局精神深化"教学研究年"活动，进一步落实《瀚仙学区教研兴校活动实施意见》所提出的各项目标任务。主要抓好：一是整体铺开"主体意识结构"教学模式，并辐射到各科教学中。要求三至六年级的全体教师继续运用这一模式进行教学，一、二年级科任教师要有选择地、合理地、创造性地采用这一模式有关环节进行教学。二是发挥典型示范作用，加强薄弱学校建设。学区组织"教改骨干"（主要是2000年度一、二等奖优质课获得者）到各小学巡回上示范课。三是做好各科任教师实验课题的申报、审批工作。四是加大语文、数学课题实验班级、实验课题组研讨力度，认真总结，形成课题实验报告。五是组织

抓好学区拟定的各项教研活动。六是于 4 月底评选编辑有创新意识的教案（主要是语文、数学"主体意识结构"教学教案）集。七是汇编学区第二辑《瀚仙学区"主体意识结构"教学专题论文集》，同时鼓励广大教师把自己撰写的论文向 CN 刊物投稿，一经刊登学区将给予一定的奖励。八是继续评选"主体意识结构"优质课。

（四）"主体意识结构"教学专题教改实验的主要成果

一年多来，在学区领导锐意改革精神的鼓舞下，在全体教师扎实研讨的不懈努力下，我学区专题教改实验取得了一定成果。一是学区确定并完善了"主体意识结构"教学模式，赢得了明溪县教育局及县教师进修学校的高度重视和充分肯定。李金禄校长在 2000 年 7 月 28 日召开的全县中小学校长会上作了"主体意识结构"教学教改专题经验介绍；在第四届完小校长培训班上，我学区张华老师作了《语文科"主体意识结构"的教学流程》、林清荷老师作了《数学科"主体意识结构"教学流程》讲座。二是欧仙龙、林清荷两位教师在 2000 年 5 月 16～17 日明溪县教育局举办的"青年教师教学比武"活动中，运用"主体意识结构"教学新方法进行公开教学，分获语文科第四名、数学科第一名的好成绩。三是 5 月 25 日，明溪县教育局在我学区召开"明溪县小学语文七题课堂教学研讨会"，由张华老师上了课题为《参观刘家峡水电站》、邱怡芳老师上了课题为《丰碑》的两节"主体意识结构"教学模式研讨课，得到了与会教师的充分肯定和好评。四是教改经验总结、论文成果显著。学区共收到论文 76 篇，除编辑《瀚仙学区"主体意识结构"教学专题论文集》外，还推选 26 篇到县参评，有 21 篇入选县论文集，其中 5 篇获县"教研年"论文奖，李金禄校长撰写的《"主钵意识结构"教学探微》、林清荷老师撰写的《数学科"主体意识结构"教学流程》荣获一等奖，张华老师撰写的《确定主体地位，指导自主学习》、邱怡芳老师撰写的《"主体意识结构"教学的五个"学会"》、孙启文老师撰写的《落实自主——"主体意识结构"课题初探》荣获一等奖。五是学区相当部分教师能较好地运用"主体意识结构"教学模式进行课堂教学。特别是获得学区优质课的六位教师，用"主体意识结构"教学模式进行课堂教学，已达到运用自如的水平。六是"主体意识结构"课堂教学效益高。学生能力得到充分发挥和极大发展，许多学生已掌握了自主学习的方法，养成了自学的习惯。从课堂教学反映看，学生的主体地位得到充分体现，课堂氛围民主、宽松、愉快、活跃，学生自学能力、口语表达能力、合作学习能力、创新能力等得到很好发展，尤其是实验班学生精彩的答题和新奇的质疑令人产生敬佩之感，"主体意识结构"教学充分发挥了课堂教学这一主渠道在实施素质教育中的作用。

今后，我们将根据明溪县教育局工作要点和县教师进修学校工作要求，紧紧围绕素质教育这个中心，振奋精神，再接再厉，锐意创新，进一步深化"主体意识结构"教学教改专题实验，真正发挥课堂教学实施素质教育主渠道作用，提高办学效益，开创瀚仙镇小学教育工作新局面。

四、"主体意识"课堂教学改革总结报告

为了促进课堂教学改革的深入发展，充分发挥课堂这一主阵地对学生创新精神和实践能力的培养，切实把我学区素质教育工作推向深入，学区班子经过深入调查、反复研究，于2000年3月制定《瀚仙学区教研兴校活动实施意见》，并确定了"主体意识结构"教学改革实验专题。两年来，在我学区全体教师的共同努力下，"主体意识结构"教学改革实验取得了成功，实现了两年前提出的奋斗目标，赢得了全县广大教育工作者的一致赞许。现将我学区两年来开展"主体意识结构"教学改革实验工作情况总结如下。

（一）加强领导，精心组织

1. 明确目标。为确保"主体意识结构"教改实验的顺利进行，学区班子认真研究，制定《瀚仙学区教研兴校活动实施意见》，明确教改总体目标：

①两年内在学区全面铺开"主体意识结构"教改实验，学区所有教师都能用"主体意识结构"教学模式进行教学。

②学区二分之一的教师有实验课题，三分之二的教师能上公开课。

③学区二分之一的教师有县级以上的论文，力争在 CN 刊物上发表论文。

2. 加强领导。一是成立学区"主体意识结构"教改实验领导小组，由李金禄校长亲自任组长，学区班子成员任组员。二是确定教改实验班级，首批确定 8 个实验班级，小组成员每人挂包一个实验班。

（二）狠抓落实，扎实实验

在《瀚仙学区教研兴校活动实施意见》中已经明确提出了目标及实施步骤，学区依据《瀚仙学区教研兴校活动实施意见》要求扎实开展教改实验活动。

从 2000 年 3 月确定实验后，实验班认真开展研讨，每个实验教师都制定了阶段性目标，确定实验子课题。在短短的一个多月中，实验班教师共开了公开课 28 节，召开研讨会 8 次，对"主体意识结构"教学模式的"课前自学、检查自学、质疑问难、合作学习、引导释疑、巩固提高"的各个环节进行实验和研讨，积累了大量的实验材料；学区校长李金禄亲自起草了"主体意识结构"教学模式的基本框架，并通过学区教改实验所积累的大量实验材料，几易其稿，最终确立和完善了"主体意识结构"教学模式的六个基本要素，撰写了《"主体意识结构"教学探微》，为"主体意识结构"教学模式的各个环节的具体操作提供了示范和依据。

2000 年 5 月，学区林清荷、欧仙龙两位教师在明溪县青年教师教学比武中首次运用"主体意识结构"教学模式进行教学，就取得了巨大的收获，林清荷教师取得数学教学比武第一名、欧仙龙教师取得语文教学比武第四名的好成绩。在当年的 5 月 25 日，学区就在全县召开"主体意识结构"教学研讨公开课，展示了运用"主体意识结构"教学模式进行教学的魅力，得到与会者的一致好评。之后，在学区广大教师中推开"主体意识结构"教学模式，要求每位教师积极参与教改实验，不断总结经验。

从 2000～2001 学年开始，学区就在全体教师中全面铺开"主体意识结构"教改实验。要求学区三至六年级的教师都要用"主体意识结构"教学模式进行教学，一、二年级的教师有选择地运用模式中的某些要素进行教学，每位教师都要确立"主体意识结构"教改实验课题，在教学中大胆使用"主体意识结构"教学模式进行教学，并且积极研讨，不断总结经验，不断完善"主体意识结构"教学模式，不断提高运用"主体意识结构"教学模式进行教学的能力。学区教务处也认真制定教研计划，积极开展"主体意识结构"教改实验，学区形成制度，每学期至少召开一次学区级教研活动、三次学区片区级教研活动，教研活动的主题主要是"主体意识结构"教学模式的研讨。各校也积极开展"主体意识结构"教改实验，每位教师每学期至少开一节"主体意识结构"教学模式公开课，扎扎实实地进行教改实验。

到目前为止，学区共开学区级研讨公开课 58 节、学区片区级研讨公开课 20 节、校级研讨公开课 242 节，另外还承担县级研讨公开课 6 节。

（三）措施得力，成果显著

除了扎实开展教改实验活动外，学区的另外几项措施和做法也对推进学区"主体意识结构"教改实验起到了巨大的作用。

1. 成立课题实验领导小组和确定实验班，由学区班子成员任组员，学区骨干教师担任实验班教师，学区校长亲自负责，班子成员挂包实验班。正因为学区对"主体意识结构"教改实验的重视，才使得学区的"主体意识结构"教改实验在短短的两年内取得巨大的成果。

2. 评先选优，树立典型。2000 年 12 月，评选出 6 节（语文、数学各 3 节）学区"主体意识结构"优质课，树立 6 位教改骨干教师（中小的林清荷、张华、王陂的陈慧蓉、王秀玲、岩里的邱怡芳、李菊莲）。在骨干教师的带动下，学区的"主体意识结构"教改实验轰轰烈烈地开展，效果显著。

3. 以点带面，充分发挥骨干作用。2001 年 2 月 28 日至 3 月 2 日，学区组织骨干教师到各校巡回上示范课，促进学区各校教改工作的开展，使全体教师（尤其是原来教改比较薄弱的学校的教师）对模式的理解和运用更进一步,促进学区各校全面平衡发展。

4. 积极总结经验,撰写论文。不论是实验班教师还是其他教师,在实验中都能积极总结教改经验,撰写论文,取得了理论研究的巨大成果;反过来再运用到教学实际中,进一步提高课堂教学效益,提高教育教学质量,培养学生创新精神和实践能力。

5. 主要成果

正因为学区对"主体意识结构"教改实验狠抓落实,对实验的开展扎扎实实,学区"主体意识结构"教改实验取得了巨大的成绩。

①确立并完善了"主体意识结构"教学模式。

②学区全体教师都能运用"主体意识结构"教学模式进行教学。尤其是几位骨干教师,对模式的运用已到了灵活自如的地步。

③教改经验丰富。至今,共收到论文125篇,有37篇入选县论文集、2篇获一等奖、3篇获二等奖,有48篇论文汇编成《瀚仙学区"主体意识结构"教学专题论文集》第一辑、第二辑;另有8篇论文入选市论文集,2篇获市级一等奖、4篇获市级二等奖、2篇获省级一等奖。另外,学区校长李金禄的论文《"主体意识结构"教学探微》发表在《三明日报》上。

④教学效果良好。

运用"主体意识结构"教学模式进行教学,学生不仅知识掌握较好,而且能力得到较大的提高。尤其是学生的自学能力、口语表达能力、质疑能力、合作学习能力、创新能力,都得到充分的发展。最突出的学生是岩里小学的杨虹雁和中小的黄坤强同学。

运用"主体意识结构"教学模式进行教学,不仅不会对教学有负面影响,反而有促进作用。模式运用得越好的教师,所教的成绩越好。几个实验班的教学质量都在学区的前列。

⑤教改实验得到充分的肯定。

2000年5月明溪县举行的青年教师比武中,林清荷、欧仙龙两位教师运用"主体意识结构"教学模式进行教学比武，分获数学科一等奖、语文科第四名（其中教学第二名）的好成绩。

2000年5月25日，承担县级研讨公开课任务，此模式的教学受到好评。

2001年3月22日，县"语文、数学专题研究现场会"在瀚仙学区召开，此模式的教学得到进一步的肯定，该专题被作为县专题在全县推广。

2001年4月，福建省"两基"跟踪检查小组在瀚仙镇召开"农村中小学如何实施素质教育"座谈会，对我学区的"主体意识结构"教改实验工作给予充分的肯定，对中小的黄坤强同学的发言赞不绝口，认为这就是素质教育的结果。

2001年4月21日，《三明日报》对我学区的教改进行了专题采访，再次肯定了"主体意识结构"教学模式的先进性和可行性。

2001年11月30日，全县教学研究成果汇报会语文公开课教学由我学区承担，两节课的教学取得巨大的成功。尤其是曾桂招老师的《白杨》一课，更是上得精彩，受到与会者的一致好评。

（四）持之以恒，深化教改

"主体意识结构"教改实验历时两年，已取得了有目共睹的成绩，但我们还将继续深化"主体意识结构"教改实验。今后一段时间内，我们将把教改教研的重点放在"如何灵活运用各个教学基本环节"上，充分发挥此模式的作用，培养学生的创新精神和实践能力，从而提高教育教学质量，全面推进素质教育。

第三节 "主体意识"课堂教学主题研讨案例及教师论文

一、明溪县小学语文、数学专题研究现场会

（一）活动安排

明溪县小学语文、数学专题研究现场会日程安排

时间		内容	地点	主持人
3月21日	下午	报到	进修学校	办公室
3月22日	上午	1. 8：30—9：10　分组听研讨 (1) 六年级数学课题《圆柱的体积》执教：林清荷 (2) 五年级语文课题《跳水》第一课时执教：张华 2. 10：10—10：50　分组听研讨课 (1) 六年级数学课题《圆锥的体积》执教：王秀玲 (2) 六年级语文课题《将相和》第二课时执教：邱怡芳	石珩中小 石珩中小 王陂小学 岩里小学	易招珍
	下午	1. 2：30—3：30　分语、数组进行说课、评课研讨 2. 3：40—4：00　瀚仙学区专题研究经验介绍 3. 4：00—4：45　各学区（校）汇报交流2000年教研活动情况及2001年的初步打算 4. 4：45—5：00　进修学校教研室作专题研究阶段性小结 5. 5：00—5：30　领导讲话 6. 会议小结	进修学校	
	晚上	活动	进修学校	瀚仙学区
3月23日	上午	休会		

明溪县教师进修学校

2001年3月21日

（二）研讨案例

《圆锥的体积》教学设计

执教教师：王秀玲

年级：王陂小学六年级

【教学内容】

课本第 50 页的例 1、例 2，完成第 50 页的"做一做"和练习十二的第 3～5 题。

【教学目的】

使学生初步掌握圆锥体积的计算公式，并能运用公式正确地计算圆锥的体积，发展学生的空间观念。

【教学重难点】

1. 教学重点：圆锥体积的计算公式。

2. 教学难点：圆锥体积公式的推导。

【教具准备】

等底等高的圆锥、圆柱教具各一个；沙（或米）。

【自学提纲】

1. 圆锥体积的计算公式是什么？课本上是怎样推导出来的？

2. 根据圆锥体积的计算公式完成例 1、例 2。

3. 完成课本第 50 页"做一做"和练习十二的第 3、4、5 题。

【教学过程】

（一）检查自学（主要检查内容）

1. 圆锥体积的计算公式掌握情况。

2. 圆锥体积公式的推导过程（含实验）。

3. 例 1、例 2 的自学情况。

4. 第 50 页"做一做"和练习十二的第 3、4、5 题的完成情况。

（二）质疑问难

（三）合作学习

（四）引导释疑

（五）巩固提高

（六）全课小结

（七）布置下节课的自学提纲

【板书设计】

圆锥的体积

圆锥体积 V 等于和它等底等高的圆柱体积的三分之一

$$V = \frac{1}{3}sh$$

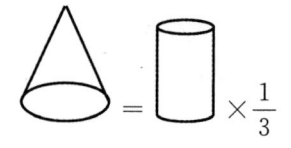

△ = ▯ × $\frac{1}{3}$

二、明溪县小学语文指导—自主教学研讨会活动

（一）活动安排

明溪县小学语文指导—自主教学研讨会活动安排表

时间		活动内容	活动地点	主持人	备注
5月26日	上午	第一节： 五年级语文：《丰碑》执教：邱怡芳 第二节： 四年级语文：《参观刘家峡水电站》执教：张华 第三节： 1. 开课教师说课 2. 听课教师评课	瀚仙学区石珩中心小学	黄雪珍	
	下午	1. 进修学校小学语文教研组综合评课 2. 各学区（校）汇报教研情况 3. 领导讲话 4. 会议小结			

明溪县教师进修学校
2002年5月26日

（二）研讨案例

《丰碑》教学设计（第二课时）

执教：邱怡芳

指导教师：李金禄

年级：石玠中心小学五年级

【教学要求】

1. 了解军需处长被严寒冻死的感人事迹，学习他为了他人、为了革命的胜利而不惜牺牲自己的崇高精神。

2. 弄清课文中哪些地方写得详细、哪些地方写得简略。

3. 学习本课生字新词。

4. 有感情地朗读课文。背诵课文的第七自然段和最后三个自然段。

【教学重难点】

1. 理解课文的第七自然段，从军需处长冻死的动作、神态、穿着中体会他的献身精神。

2. 弄懂大雪覆盖的军需处长为何成了一个晶莹的丰碑。

【教学过程】

（一）自学提纲

自学课文第三、四两段，理解下列问题：

1. 借助字典或联系上下文理解词语：军需处长、镇定、安详、严峻、晶莹、丰碑。

2. 课文是怎样描写被冻僵的老战士的？从哪几个方面来写？从中说明了什么？

3. 划出描写将军神态变化的句子，想想为什么会有这些神态变化。

4. 为什么说被大雪覆盖的军需处长是一座晶莹的丰碑？

5. 你还有什么不明白的？请列出来。

（二）教学教程

1. 合作学习

讨论交流自学情况。

2. 检查自学

通过自学，你学懂了什么？

3. 质疑问题

(1) 在自学中，你还有什么地方不明白？请提出。

(2) 师归纳，小结本课要讨论的问题。

4. 合作学习

针对学生提出的问题，小组再次合作讨论。

5. 引导释疑

(1) 学生解答，教师点拨、引导。

(2) 本课重点要解决的问题有：

①理解第七自然段，体会军需处长的献身精神。

②为什么说被大雪覆盖的军需处长成了一座晶莹的丰碑？

6. 巩固提高

【板书设计】

丰碑

将　军　　军需处长

严　峻　　依靠、坐着

发　怒　　镇定、安详

愣住了　　单薄破旧

三、明溪县小学语文课题研讨活动

（一）活动安排

明溪县小学语文课题研讨活动安排表

时间		活动内容	活动地点	主持人	备注
11月13日	上午	第一节： 五年级语文：《鲸》 执教：廖菊清 第二节： 六年级语文：《"精彩极了"和"糟糕透了"》 执教：曾桂招 第三节： 1. 开课教师说课 2. 听课教师评课	瀚仙学区石珩中心小学	黄雪珍	
	下午	1. 瀚仙学区小学语文课题研究情况介绍 2. 各学区（校）汇报课题研究情况 3. 进修学校小学语文教研组长讲座 4. 领导讲话 5. 会议小结			

明溪县教师进修学校

2004年11月13日

（二）研讨案例

《鲸》教学设计（第一课时）

执教教师：廖菊清

指导教师：李金禄

【教学要求】

1. 学会本课生字。

2. 了解鲸的有关知识。

3. 正确、流利地朗读课文。

4. 体会列数字、作比较、举例子等说明方法。

【教学重难点】

了解课文介绍的鲸的知识，体会文中所运用的多种说明方法。

【教学过程】

（一）课前自学

1. 揭示课题，板书课题。

2. 学生根据自学清单自学。

（自学清单：1. 自读课文，借助工具书学会本课生字。2. 把课文读通顺，难读的句子多读几遍。3. 在读懂的内容边上写上自己的批注，在有疑问的地方做上记号。）

（二）汇报自学

1. 师：老师发现同学们的自学很积极，自学快的同学还能与同桌交流。接下来，老师要了解你们的学习情况。谁先来汇报？

2. 学生汇报。

（三）质疑问难

1. 以难点为突破口，创设问题情境：同学们，在海洋馆、在生活中，常听人们管"鲸"叫"鲸鱼"，对此你有什么看法？

2. 在初步讨论中形成学习的问题："鲸"是"鱼"字旁，它也生活在海洋，为什么不属于鱼类，而是哺乳动物呢？鲸到底有什么特点，又有怎样的生活习性呢？

3. 除此之外，你们还有什么想问的吗？（如：课文是从哪几方面介绍鲸的?）

（四）合作学习

1. 展示学生提出的问题，老师提出学习要求。（根据刚才同学们提出的问题，每个人选择一个或更多的问题再次读课文并思考。之后，在四人小组中讨论，小组长收集记录小组成员的意见，7分钟后派代表发言。）

2. 学生依自己选择的学习内容进行独立探究，然后在小组中讨论。

（五）引导释疑

师：哪个小组先汇报呢？

1. 解决"鲸不属于鱼类，而是哺乳动物"。

（1）学生汇报相关的句子："鲸的祖先跟牛羊的祖先一样，生活在陆地上"；"鲸跟牛羊一样用肺呼吸"；"鲸是胎生的，幼鲸靠吃母鲸的奶长大"。（当学生谈到后两点时，要对学生立足整体在联系中读懂课文的做法给予充分的肯定；也可以从鱼类的角度：鲸的祖先不是生活在海洋，鲸不是像鱼一样用鳃呼吸、卵生等，像牛、羊一样繁衍后代。）

（2）重点结合第二自然段，研读鲸的进化。

2. 重点体会鲸非常大。

（1）第1自然段

指名读出相关的内容，谈谈自己的体会。

相继出示最后一句的对比句：体会作者运用的说明方法的直观和形象。

我国捕获过一头很大的鲸，它的身体很长，分量很重。（点拨：一条舌头，一张嘴，这么大，整个的鲸呢？）（这也是一种说明方法）可想而知！由此联想上文说到的16万公斤重的鲸呢？无法想象！鲸不愧是世界上最大的动物！

怎样读出鲸的大呢？

(2) 还从哪儿能看出鲸非常大？

须鲸一顿就可以吃 2000 多公斤小鱼小虾，长须鲸刚生下来就有 10 多米长，7000 公斤重……

学生如果说鲸的特点还包括鲸在呼气时能形成一股水柱、睡觉时总是……也可以。

（六）巩固提高

1. 师：通过这节课的学习，我们了解了鲸是哺乳动物，课文在描写鲸有多大时运用了列数字、作比较的说明方法。现在老师给大家一个机会，用你们手中的笔介绍一个你喜欢的小物件吧。（课件出示文具盒、台灯、水杯、兔子）

2. 学生动笔书写。

3. 展示片段，师生点评。

《"精彩极了"和"糟糕透了"》教学设计

授课教师：曾桂招
指导教师：李金禄

【教学要求】

1. 学会 7 个生字，能正确读写生字词。

2. 正确、流利、有感情地朗读课文，把自己感受最深的部分背下来。

3. 了解课文内容，理解体会父母两种不同评价中饱含的爱。

【教学重难点】

体会父母两种不同评价中饱含的爱。

【教学过程】

（一）谈话导入，质疑课题

1. 导入：同学们，说说在生活中最爱你的人是谁？为什么？（学生自由谈）

2. 读课题，质疑：

（1）读了课题，你有什么发现或有什么想问的？

问题预设，如：

题目为什么加双引号？

为什么会出现"精彩极了"和"糟糕透了"这两个截然相反的词语？

"精彩极了""糟糕透了"分别指什么？

（2）释疑：通过自学后，谁能解决这些问题？（师着重引导引号的作用）

（二）自学汇报

通过自学，你读懂了什么？

1. 学生自由汇报课前所学，教师相机梳理板书。

2. 在学生自学汇报时重点引导：

（1）汇报生字词时，教师相机检测"誉、歧、谨"的读音及书写；

（2）学生汇报课文写作顺序时，教师相机指导"时间顺序"写法的特点：

师导：你为什么认为课文是按时间顺序写的？（引导学生抓时间词判断："八九岁的时候""几年后""这些年来"）

（3）学生汇报课文内容，师相机指导概括方法：

你是怎样概括课文主要内容的？有什么好方法吗？（学生交流，教师重点指导"串联内容法"）

（三）质疑问难

师：通过自学，你还有什么问题？（学生自由汇报，教师相机梳理问题）

问题预设：

1. 对于同一首诗，父母的评价为什么不同？巴迪的诗到底是写得好，还是写得不好？

2."我"为什么要问妈妈"爸爸什么时候回来"？

3. 巴迪还是一个孩子，父亲为什么要那么严厉地批评巴迪？

……

（四）合作学习

四人小组合作讨论，教师巡视指导。要求：找出课文有关语句理解。

（五）引导释疑

在小组汇报的基础上，教师引导：

1. 巴迪的诗到底写得好不好？（从课文中找出相关语句说明）

学生汇报：（1）从父亲与母亲争论的话中体会；（2）从"几年后，当我再拿起那首诗，不得不承认父亲是对的，那的确是一首相当糟糕的诗"，体会诗写得并不好。

2. 对于同一首诗，父亲和母亲的评价为什么截然不同呢？（引导学生分别说出母亲和父亲的理由）

母亲的理由：_____

父亲的理由：_____

（1）相机指导体会父母争论的话，体会父母的良苦用心。

（2）指导朗读：分角色读父母争论的话，读出语气。

（3）体会巴迪受表扬和被批评后的反应：（相机解决第二个问题：巴迪为什么盼着爸爸回来）

师：巴迪听到母亲、父亲的评价后表现有什么不同？他当时可能会如何想？

①引导学生体会描写巴迪语言、动作、神态的相关语句，想象巴迪当时的心理。

②指导朗读体会。

（4）辩论明理：你赞同母亲的做法还是父亲的做法？以正方、反方的形式展开辩论。（建议：举课文中的例子、联系生活实际或自己亲身经历，做到摆事实、讲道理）（正方：赞同母亲的做法；反方：赞同父亲的做法）

（5）辩论后总结：

师问：对于小巴迪第一次写的诗，你认为爸爸的批评是对还是错？说出你的看法。（在妈妈的鼓励、表扬下，应该给予实事求是的批评）

3. 学文总结：

通过这节课的学习和讨论，你明白了什么？（学生自由谈体会）

（六）巩固提高

1. 小练笔：写一写被父母或老师表扬或批评的一件事，把当时的经历和真实的感受写下来。

2. 背诵自己感受最深的语段。

【板书设计】

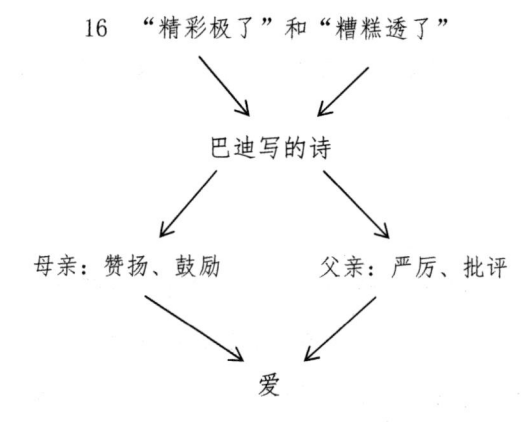

```
        16  "精彩极了"和"糟糕透了"
              ↙       ↘
                巴迪写的诗
              ↙       ↘
      母亲：赞扬、鼓励    父亲：严厉、批评
              ↘       ↙
                   爱
```

(三) 教师论文

运用"主体意识结构"教学模式进行教学时应该注意的问题

明溪县瀚仙学区　黄明生

运用"主体意识结构"教学模式进行教学，充分体现了教学的民主性和学生的主体地位，它能最大限度地调动学生的积极性，培养学生的自学能力和创新精神，这是适应素质教育要求的一种崭新的教学模式。我们在运用这种教学模式进行教学时，应注意以下几方面。

一、要明确什么是"主体意识结构"教学模式

"主体意识结构"教学模式的实质，就是"指导、自主"教学模式。它是以学生的自主学习、教师的导疑完成课堂教学的一种教学思路，充分体现了学生的主体地位。"主体意识结构"教学模式通常有以下六个环节：课前自学、汇报自学、质疑问难、合作学习、引导释疑、巩固提高。但这六个环节不是一成不变的，而是可以灵活运用的。确切地说，它是"主体意识结构"教学模式的六个要素。我们必须针对不同教材、不同年级学生灵活运用这六个环节（或六个要素），不能生搬硬套，否则就失去了它原有的意义。

运用"主体意识结构"教学模式进行教学，最终要达到的目标就是使学生养成良好的自学习惯，提高学生的自学能力，培养学生的创新精神。我们所有的教学都要围绕这个大前提进行。

二、在运用"主体意识结构"教学模式进行教学时，对每个环节都应注意做好几点

1. 课前自学的指导要到位

课前自学是学生依据教师的自学提纲进行自主学习的过程，这一环节的好坏直接影响课堂教学的效果。因此，在这一环节上，教师要注意以下几点。

（1）培养学生的自学习惯。教师在课前指导学生自学时，应首先培养学生的自学习惯，要教会学生每节课应自学什么、应从什么地方进行自学，要求学生在自学过程中要认真做好自学笔记。如：自学语文时，教师应要求学生每自学一篇课文时应从自学生字生字词入手，学会朗读课文，了解课文内容，会给课文分层、分段，了解单元训练重点等，然后根据教师的自学提纲解决几个重点、难点、关键问题；自学数学时，教师应要求学生自学每章节的知识点、重难点，通过自学例题，了解例题的作用，学会并掌握例题的解题方法，并根据例题自行完成课后"做一做"和"练习"。不论语文、数学，对自学中存在的疑难问题都必须认真记录下来，等到课堂教学时提出来解决。只有这样通过一段时间的训练，才能使学生逐步养成良好的自学习惯，从而

提高学生的自学能力。

（2）给学生适当的自学提纲。出示自学提纲的目的在于给学生比较明确的自学目标，学生依据自学提纲进行的自学可能更到位，而且可以教给学生自学方法，培养学生良好的自学习惯。但是，自学提纲的出示必须遵循宜粗不宜细的原则。自学提纲的设计应合理、科学。教师在给学生自学提纲时，应根据大纲、教材结合单元训练重点提出学生自学"大的方面"的要求，而不是细小的问题。对于刚刚接触"主体意识结构"教学模式的教师和学生来说，学生的自学能力还比较弱时，往往不知怎么进行自学，也不知道从什么地方入手，这时教师出示的自学提纲可以相对具体些；等到学生有了一定的自学能力时，教师给的自学提纲就不要再过细、过具体了——再过细、过具体就会牵着学生的鼻子走，学生的自学就可能只围绕解决教师提出的问题进行，从而抹杀学生自主学习的积极性和创造性，这与我们"主体意识结构"教学模式提倡的充分体现学生的主体地位、培养学生的创新精神是相违背的。自学提纲的出示，只是为了让学生更好地进行自学；等到学生的自学习惯养成后，就可以不出示自学提纲了。

2. 学生的汇报自学应充分

检查自学这一环节，就是让学生汇报自己自学的情况。教师应注意几点：

（1）尽可能地让学生把自己的情况汇报完整，教师尽可能不打断学生的发言和思路。

（2）教师必须把学生的汇报作适当的归纳、整理。因学生的汇报可能比较杂乱，这时就要求教师利用科学、合理的板书把学生的汇报串起来，形成较完整的知识体系。

（3）要求学生在一个同学汇报时，其他的同学认真听，并作适当的记录，对照自己的自学情况，有什么不同意见可以及时补充、更正。

（4）教师应适当控制课堂节奏，不能把整堂课完完全全上成汇报课。如果这样，就不能很好地完成课堂教学任务，对教材的重、难点也可能没有突破，整堂课只停留在学生汇报掌握的表面上了，这也不是"主体意识结构"教学模式所提倡的。为了防止学生的汇报过于分散，可以按课时汇报，这样便于教师掌握。

3. 质疑要有深度、有质量

质疑问难这一环节的好坏可以看出一堂课精不精彩，学生有没有创新也可以从这里很好地看出。要使学生的质疑有质量，除了学生的自学要充分外，教给学生质疑的方法也很重要，所以：

（1）首先，要教给学生质疑的方法。刚开始时，很多同学不会质疑，也不知道从什么地方质疑，所以教师应教给学生质疑的方法。质疑的方法有很多，如语文可以从课题入手、从字词入手、从句子入手、从重点段入手等，数学可以从例题入手、从计算解题方法入手、从算理入手等，语文可以问"是什么"，数学应多问"为什么"。

（2）如果学生的质疑质量不高，对教材的重、难点没有提出疑问，为了教学要求，为了突破重、难点，必要的时候可以由教师自己质疑，但应尽量少用。

（3）对学生提出的疑难问题，教师应及时梳理。对一些简单的问题，可以直接让学生解决掉。教师应抓住一两个主要问题，在下一个"合作学习"环节让学生进行小组讨论，并在引导释疑环节中解决。

4. 合作学习要有效率

合作学习主要培养学生的合作精神。教师在学生进行合作学习时，应对学生提出要求：

（1）要积极发言，并做好记录。

（2）每个小组要有一名小组长，负责收集、记录、整理本组的讨论、发言，并在汇报时作主要发言。小组长早先可以选择成绩比较好的同学担任，稍后可以小组成员轮流担当。

（3）学生在合作学习时，教师要积极参与，发现问题可以及时指导，通过了解学生合作学习的情况，对下一环节的教学有个充分的准备。

5. 引导释疑应有的放矢

引导释疑这一环节，就是教师在学生通过自学和合作学习后，引导学生解决疑难问题。这一环节上得好不好，就牵涉教学重、难点有没有突破的问题。对语文来说，也就是课文重点段有没有分析透彻、分析到位；对数学来说，就是算理有没有讲清讲透，知识点和重、难点有没有突破。所以，教师对这一环节的处理很重要。

（1）死抓教材的重、难点不放。抓住一两个"牵一发而动全身"的问题进行重点分析、突破，在突破这一问题时把其他的连带问题都解决了，这样既解决了问题，又突出了重点。

（2）教师要充分发挥"导"的作用。体现学生的主体地位不是不要教师的"导"，教师的"导"在引导释疑这一环节非常重要。对学生的回答、分析不到位时，教师就要发挥导的作用了，不能任由学生海阔天空地乱说，也不能因学生回答不出来而"卡壳"了。教师的导要适宜，要有目的，该"收"则"收"，该"放"则"放"。但值得注意的是，不论是"收"是"放"，学生的主体地位不能变，否则就又走回原来传统的路子去了。

6. 巩固提高要有针对性

巩固提高这一环节，是学生课前自学、课上师生互动释疑后对学生情况的再反馈，主要通过练习来完成。因此，要求教师在设计习题时应科学、合理、有针对性，要依据大纲要求、单元训练重点、本课知识点、重难点和学生情况精心设计。

（1）从"巩固"来说，主要是检查学生对新知识的掌握上。语文可以是针对本节课所学内容（尤其是教学重、难点）而进行的小结性练习；对数学来说，可以是知识点、重难点的再现，也可以是与例题相同的同步练习。

（2）从"提高"来说，不能只停留在检查新知识的掌握上，而应提升到新旧知识的联系和新知识的综合应用上。这一点对数学来说尤其重要，对语文来说可以侧重于"练笔"（小作文）训练。

7、板书设计要科学、合理，板书要适时

（1）不论是传统的教学方法还是现代的教学方法，对板书设计的要求都一样，就是必须科学、合理。运用"主体意识结构"教学模式进行教学当然也不例外。板书可以看成一堂课的精华浓缩。通过板书，我们要能像放电影一样重放一堂课的教学。板书设计科不科学、合不合理，直接影响课堂教学的效果。这就要求教师课前要精心设计板书，做到既重点突出又美观大方。

（2）课前的板书设计好了并不能说明板书就好了，什么时候板书也很重要——因为它不像传统的教学方法，教学环节在教师高度控制之下，什么时候板书教师很容易掌握；这种模式教学是以学生为主的，学生说的内容、顺序不一定按教师的意愿进行，这就要求教师要统观全局，根据学生的回答适时插入板书，只有这样才算真正做好板书这一环。

三、教师要不断加强自身修养，提高自己的业务能力

"主体意识结构"教学模式的运用对教师提出了更高的要求，它不仅要求教师了解、熟悉新大纲、教材，而且更要了解学生的情况（如学生的自学能力、质疑能力、合作学习能力、创新能力等等），同时还要求教师要有良好的应变能力——这一点非常重要。因为运用这种模式进行教学，不论教师课前备课如何充分，课堂上还是会出现意想不到的情况；而且我们备课只能备教材、备重难点、备学生，却很难备整个具体的教学过程，所以说应变能力很重要。另外，教师还应有统揽全局的能力，在备课时要着眼全局，面向全体学生，对教材要吃透、要深挖，对学生那头可能出现的问题要能提前预测，这样才能做到胸有成竹、有的放矢。所有这些都要求教师必须不断加强自身修养，认真学习，充实自己，努力提高自己的业务能力，并在教学实际中大胆运用"主体意识结构"教学模式进行教学，不断总结经验，这样才能胜任这种模式的教学，较好地驾驭课堂。

运用"主体意识结构"教学模式进行教学，教师在教学中必须始终把学

生摆在第一位，贯彻学生是学习的主体的教学思想，所有教学都是以培养学生的自学能力、创新精神为目标的，只有这样才能把"主体意识结构"教学模式的优势充分发挥出来，把素质教育真正落到实处。

第二章
"重学巧教"课堂教学改革

第一节 "重学巧教"课堂教学改革探究

在实际教学中不难发现，不少教师的教学存在教学效率低下的现象，一些教师只重视教而不重视学生学，课上、课下都存在重教轻学的现象，课上基本是老师包办，课下也还是强迫学生抄写，还是不分差异、一视同仁地做千篇一律的作业。这种重教轻学的偏见必须改过来。课堂教学一定是重视学生自己的学习，发挥学生的主体地位，倡导在老师组织和引导下的自主、合作、探究式的"重学巧教"学习方式。

一、以学生为中心

"重学巧教"首先要做到以学生为中心，落实学生的主体地位。这是最基础、最基本的要求。作为课堂的组织者、参与者、合作者，教师要重视课堂民主、平等氛围的营造，引导学生自主学习、合作学习、探究学习，引导学生积极参与、独立思考、自由表达、愉快合作，让学生在心理上处于最佳状态，让学生充满求知的愉悦感，调动起学生的良好情绪，最大限度激发学生的主体意识和主动精神。课堂要让每个学生都动起来，要面向全体学生。教师可以开展启发式教学，培养学生主动地思考，使学生多思、常思；可以从创设问题情境来开展探索式教学，培养学生追根求源的思考习惯，使学生学会深思；也可以从挖掘知识问题链着手开展变式训练，培养学生观察、比较、分析、发现、探索的能力。为此，要把握好以下三点。

（一）主动问答

主动问答即学生自主、积极地提出问题和回答问题。有学者说："教学的最终目标是培养学生正确提出问题和回答问题的能力，任何时候都应鼓励学生提问。"因为"提一个问题往往比解决一个问题更重要"（爱因斯坦），"提问是教师促进学生思维、评价教学效果以及推动学生实现预期目标的基本控制手段"（美国斯特尔 G 卡尔汉），"最精湛的教学艺术，遵循的最高准则就是让学生自己提出问题"（美国布鲁巴克）。可见，主动问答既是教学目标，又是教学手段、教学艺术。

（二）自主讨论

讨论，是就某一问题交换意见或进行辩论的活动。自主讨论，是指在教师的引导下，学生自选问题，并就这一问题自由交换意见或进行辩论，以解决问题或生成新的问题的活动。讨论，对于培养学生的语言表达能力、辩证思维能力，以及合作意识和合作能力，具有十分重要的意义。

（三）自评互判

自评，是指自我评价，即以自己自身作为评价主体而对自我进行的评价。其目的是全面认识自我，发现优点、鼓起信心、认识不足、反馈调节。互判，即相互评价，是指学生们相互促进的评价。它重视相互学习和相互提高，即通过学习活动发现伙伴的优点，以此相互认识、相互激励、相互提高。

二、以学习为核心

以学生为中心还不够,还要以学生的学习为核心——因为学习目标的达成是要靠学生的学习来实现的,只有学生学得深入、学得透彻,才能真正掌握知识、感悟道理、提升能力。只有以学习为核心,才能更好、更有效地学习,收到最佳的学习效果。

(一)树立以学习为核心的意识

以学习为核心不同于以学生为核心:以学生为核心,即以学生为主体,关注的是"谁来学",针对的是传统教学忽视学生主体地位的问题。以学习为核心也不同于以学定教:以学定教关注的是"学什么"(学到什么程度),针对的是教学内容选择和难度设置上忽视学生学习起点和已有经验的问题。以学习为核心,关注的是每一个具体的教学内容"怎么学",针对的是当前教学忽视学生学习的认知心理过程的问题。认知心理学认为,对学习材料的加工水平越深,理解和掌握得越好。以学习为核心,就是要把具体的学习内容,通过学生的各种科学、有效的学习活动,进入深刻、透彻的学习层面,以达到最佳学习效果和学习目标的目的。

六年级品德课《学会拒绝》

	教学设计(一)	教学设计(二)
谁来学	学生	学生
学什么	危害、拒绝方法	危害、拒绝方法
学习方式	小组合作	小组合作
怎么学	讨论、辨析	创编、表演、绘画

以六年级品德课《学会拒绝》两个教学设计为例。教学设计(一)可以说是体现了以学生为中心,学生是通过小组讨论和汇报的方式来学习这部分内容的,对材料的加工可以说是停留在答案的"言语叙述"层面。相对比之

下，教学设计（二）则体现以学习为核心，学生在创意、创编、绘制、展示"拒绝毒品""拒绝烟酒"的整个过程中，以小品表演、讲故事、手抄报或宣传作品等形式，都需要应用、转化答案的相关知识，对学习材料进行了深入的精加工。

（二）构建有效学习活动

学习活动，是学生在课堂上做什么、怎么做。学生观察实物、读教材、记公式、回答教师提问、相互讨论、发表观点、做练习题、做实验等，都是学习活动。课堂上，学生是学习的主体，教学目标必须通过学习活动来实现，教代替不了学。"学生活动"也代替不了"学习活动"，不是学生"动"了就算"学"了——因为学习不单是我们看得见的"行动"，还有我们看不见的"心动"，即心理活动。学生的学习本质上是学生的认知心理活动过程，是有一定的心理学规律的。只有按照规律设计学的活动，才能实现学的过程，达到学的结果。因此，活动设计要避免简单的知识复述和空泛的语言讨论，要注重直观感觉，让学生亲手操作、亲身体验、形象感知，经历知识的发现、概念的形成、规则的应用等学习过程。简而言之，教学设计不能停留在转变学习方式层面上，而要深入到学习活动设计层面，才能真正起到指导学生学习的作用。

学习活动与学习方式、教学内容的关系

教学（学习）内容	学习方式	学习活动形式
内容 1		观察、测量
内容 2	自主	尝试、体验
内容 3	合作	计算、绘图
内容 4	探究	制作、创编
……		……
	无设计	有设计

不同的学习活动具有不同的特征。课堂教学中的学习活动应该具有如下

特征：一是相对独立性。教学中不能把学习活动视为教师教学活动的衍生和附属，而应把它当作一个相对独立的主体活动过程。二是连续性。我们不能把学习活动视为一个个孤立的、零散的活动片段，而应把它当作一个与教学活动彼此关联的、连续的、系列化的活动过程。三是内在性。学习活动表现为学生朗读、讨论、书写等外部行为，但其本质上是以认知活动为核心的一系列内在的心理活动过程。因此，活动要着力教学重难点，耗时较长的活动要设计在教学难点上或学生经验空缺处，避免活动内容过于简单、低效。

（三）学习活动的几种常见类型

1. 操作感知学习活动

操作感知学习活动，是让学生借助动手操作活动感知事物、形成概念、学习规则。如二年级数学课《分物游戏》，教学重点是学习"平均分"的概念和策略。"平均分"是一个抽象的概念，看不见、摸不着，如何让小学生感知、理解？动手操作无疑是最有效的学习方式。通过对学具的分一分、摆一摆的操作，通过不同分法的自由尝试和对分成的份数、每份的数量的观察比较，学生感知到"总数""份数""每份的数量"之间的辩证关系，以及分的方式与结果之间的联系，形成"平均分"的概念和策略。这个动手操作的过程，以及由此引发的感知、思维活动过程，是语言表述所无法取代的。再如三年级科学课《空气能占据空间吗》，学生也是通过动手实验，感知空气占据空间和能流动的性质。

2. 事例感知学习活动

在教学中，为了让学生理解较为抽象的概念和规则，可以设计活动让学生感知具体的事例，将需要学习的概念和规则蕴含在事例中，学生通过对多个事例的归纳掌握概念、理解规则。如四年级语文《扁鹊治病》，为了让学生体会扁鹊和蔡桓公的人物特点——教师让学生填写课前学习单，梳理扁鹊三次见蔡桓公时对病症的诊断、蔡桓公的表现和扁鹊的做法，从三次事例中归纳扁鹊和蔡桓公的人物特点，这就是事例感知的学习活动设计。

3. 体验感悟学习活动

在教学中，教师不是用说教的方式向学生灌输道理，而是通过活动让学生自己去体验、去感受。如二年级品德与生活课《心灵手巧——废旧物品再利用》，为了让学生认识到废旧物品的利用价值，学会交流与合作，教师设计了利用废旧物创意制作的活动。学生在共同完成创意作品的过程中，既感受到物品的用途，又体验到合作成功的快乐。同时，还可让学生蒙眼寻物做事的活动，来体验感悟盲人的艰辛和对盲人的关爱。

4. 能力训练学习活动

在教学中，学生的朗读、识记、计算等能力发展任务，还是要通过扎扎实实的训练活动来实现的。能力训练的学习活动设计，要求教师依据学生的年龄特点创设生动有趣的课堂情境，吸引学生积极参与训练活动。如二年级语文课《小猴脸红了》，通过"儿童剧表演"的情境吸引小学生进行朗读训练，达到了寓教于乐的效果。

（四）关注课堂的生成

教学是一个动态生成的过程，再精心的"预设"也无法预知整个课堂的全部细节。实际的课堂教学中，难免会发生诸多的意外。一旦出现"不速之客"，我们要有心理准备，灵活应对，而不能一味拘泥于课前的教案。有时，反而可以巧妙利用意外的"生成"，使之成为我们课堂的一个预料之外的精彩之举。恰当地抓住"生成"的时机和资源，能够更大程度地提高教学的有效性。当学生被激发起"兴奋"的学习状态而发表精彩的观点时，当学生出现理解或误解的"错误"时，当师生互动中学生"随机"冒出精彩火花时，当学生表情出现"细微"的变化时，当教师设身处地地"换位"思考时，都是意外"生成"资源利用的大好时机。课堂教学是不断变化的动态过程。教学中，如果完全按照"预设"进行，结果将无视或忽视学生学习的自主性，课堂因此而机械和呆板；但如果一味追求课堂上即时的"生成"，也会因缺乏有效的控制和引导，出现"放而失度"的现象。因此，我们要理性地看待"预设"和"生成"。预设要有弹性、有留白的空间，以便在目标实施中能宽容地、开放地纳入始料未及的"生成"。对学生积极的、正面的、价值高的"生成"，要大加鼓励、利用；对消极的、负面的、价值低的"生成"，应采取更为机智的方法，让其思维"归队"，回到预设的教学安排上来。课堂教学因"预设"而有序，因"生成"而精彩。

三、以教师为主导

强调以学生为中心，也不能完全忽视教师的主导作用。教师在课堂教学中运用巧妙的策略，深入浅出，引导学生步步深入地探索新知，以完成学习目标。这里所说的"引导"，其"引"就是吸引和引发学生的探究兴趣，使之积极主动地参与学习探究活动；"导"则是诱导（当学生的学习积极性不高时，就要诱导学生，培养学习兴趣，强化学习动机）、启导（当学生的学习感到困难时，思维受到抑制时，教师就要有针对性地及时启发）、指导（当学生的学习方法不当，发生偏差，教师就要及时地给予指导，纠正或改进方法）。

1. 有效引导的作用。(1) 通过引导，让学生自己生成新知。古希腊教育家苏格拉底把"引导"的作用比喻为"产婆"的作用："我不是授人以知识，而是使知识自己产生的产婆。"采用"产婆术"教学，不直接把结论教给学生，而是引导学生自己得出结论，这便是"引导"的最好的诠释。(2) 通过开导点拨，开拓学生思维。当学生遇到疑难问题而卡壳，思维发展存在一定障碍时，教师要及时地梳理学生的思路，画龙点睛地进行点拨，搬掉学生思维发展中的绊脚石，使学生思路清晰明了，便能收到化难为易、使学生茅塞顿开的效果。(3) 通过指点引导，使学生掌握学习的方法。教育的真正含义是教师要指导并教会学生学习的方法，要把打开知识大门的钥匙交给学生，即所谓"授人以鱼，不如授人以渔"。总之，"善教者，善导"。

2. 如何进行有效引导。(1) 在导入时引导，明确目标、激发兴趣（在导入新课时，教师要根据教材的特点和学生的实际，从学生身边熟悉的事物出发，创设生动有趣的情境，并通过生动有趣的引导，看准火候及时导入新课）。（2）在疑问时引导，拨云见日、云开雾散（在教学中，我们要多鼓励学生质疑问难。当学生在解决问题的过程中产生疑问时，教师要恰到好处地引导学生思考解决问题的方法，开启学生的心扉。（3）在失误时引导，欲擒故纵、鼓励探究。当学生在学习中出现失误时，教师不应当因为学生和自己"预设"的差异或并非本节课的重点，再或与本节课无关而叫停甚至批评学生，而是要利用好这一"生成"资源，通过引导学生自主探究来引发学习兴趣、培养思维。（4）在成功时引导，反馈评价、分享快乐（教师要特别关注学生探究活动的进展情况，及时给予适度的肯定、指导和建议，及时地反馈评价，帮助学生掌握方法，尽量让学生体会到成功的愉悦，增强探究的动力）。

教师巧妙的引导如同茫茫大海中的航标灯，使学生在学习过程中不会偏离航道。教师要不断改进教学活动，提高教育教学艺术，力求做到引导时含而不露、指而不明、开而不达、引而不发，增强学生的情感体验，使教学过程充满情趣与活力，更好地促进学生的全面发展。

四、用恰当的教学方法

教学模式，是在一定的教育思想或教学理论指导下建立起来的、较为稳定的教学活动结构框架和活动程序。一般情况下，不涉及具体的学科内容，只是为教师提供一个教学行为框架，具体地规定教师的教学行为，使得教师在课堂上有章可循，便于教师理解、把握和运用。我们的教学模式是"重学巧教"，要落实好"重学"，把握好"巧教"，处理好"学"与"教"的正确关系。在此框架下，确定恰当的教学法。我倡导自学、交流、释疑、强化、总结的教学法。但教无定法，贵在得法。在实际教学中，要根据学科内容和学生实际选择恰当的、有效的、科学的方法。

在教学中应做到朴实、简单、实效，坚持科学有效的做法，开放性、创造性地使用教材。为此，应把握好以下几点：一是强化知识点和重难点；二是强化阅读和习作训练；三是大力培养学生的自学能力；四是大力发展学生的发散性思维。

第二节　"重学巧教"课堂教学课题开题活动

一、"重学巧教"课堂教学课题开题报告

(一) 课题研究的背景及意义

新课标指出："学生是学习和发展的主体，是学习的主人。课堂教学应在师生平等对话的过程中进行，积极倡导自主、合作、探究的学习方式，激发学生的学习兴趣，培养学生自主学习的意识和习惯，同时还要为学生创设良好的自主学习情境，尊重学生的个体差异，鼓励学生选择适合自己的学习方式。"新课标的这一阐述，特别强调了对学生学习习惯和学习方式的培养。自课改以来，教师的教学理念和教学方式都有了一定转变。但从平时课堂教学中，我们仍然看到教师讲、学生听，学生在教师的"循循善诱"中完成教师课前的教案预设，学生被动地接受知识，逐渐形成了等待、依靠的不良习惯；许多学生不爱动脑筋，缺乏主动学习的精神，没养成自觉学习的习惯，不知道自学与合作探究的方法；部分学生甚至产生了厌学思想，学习信心不足，更谈不上自主学习、生动活泼地发展。这种"重教轻学"的教学方式，与课标的要求是相悖的。这就给我们学校教育提出了新的要求：必须以课改理念为指导，在具体教育教学实践中，充分尊重与努力发挥学生学习的主体地位和作用，培养学生的主体意识与自主学习能力，养成良好的学习习惯，掌握学习方法。

为此，我们确立"重学巧教、自主探究"课堂教学模式研究，就是要形成自己的教学特色、教学模式，改变目前的教学现状，落实新课标精神，改变学生的学习方式，着眼于每一位学生的成长，充分挖掘学生的学习潜能，牢固确立起学生的主体地位，切实减轻学生的课业负担，从根本上调动了学

生学习的主体参与意识，较好地处理了减负与增效、培尖与补差、学生学与教师教、规范与个性、提高应试能力与提高全面素质之间的关系，实现了"面向全体""关注全程"的素质教育目标，对深入推进课堂教学改革发挥了积极作用。同时，还在一定程度上颠覆了传统教学中以教师和教材为中心的教学方式，打破了学科本位思想，提高了学生的学习能力，实现了课堂的有效、高效教学。

（二）国内外关于同类课题的研究综述

1. 生本教育

生本教育，是由华南师范大学博士生导师、广东省教育科学研究所所长郭思乐教授主持开展的，由课题研究带动的大型教育整体改革实践。生本教育认为，教学就是学生在老师的组织引导下的自主学习。在教学组织上，生本教育鼓励先学，以学定教，少教多学直至不教而教，采用个人、小组和班级的多种方式的自主学习。

2. 尝试教学理论

尝试教学法，是邱学华根据数学教学的特点和儿童的心理特点设计的。它用尝试题引路，诱使学生自学课本，这样就能充分发挥学生的自主性。练习后，引导学生讨论，要求学生用语言表达自己的想法，并作为形成概念的基础，最后教师讲解完整的系统知识。尝试就能成功，许多学校采用了邱学华的尝试教学法后，在教学方面都收到了良好的课改效果，并取得了巨大的成就。

3. 洋思中学的"先学后教，当堂训练"教学

洋思中学运用"先学后教，当堂训练"的教学模式，创造了一个教育的神话。"先学后教，当堂训练"的教育理念是"尊重主体，面向全体"。他们把由教师硬灌给学生的"先教后学"，变成了让学生先学起来的"先学后教"，从根本上解决了课堂教学效率低下这一问题。其实质为：课堂教学过程中都让学生去学、去探索、去实践，而教师在其中只是"向导""路标"，起着"引路""架桥"的作用。这种具有"创新"的教学结构，结束了传统教学

"满堂灌"的现象,使课堂教学的过程变成学生在老师指导下由浅入深地紧张学习、探究的过程。

(三) 课题研究的内容、预期目标、方法及预期成果

1. 课题研究的内容

(1) 从课堂教学出发,梳理影响和阻碍学生养成学习习惯、掌握学习方法以及探究能力的不利因素。

①调查教师对"重学巧教、自主探究"的理解和认识;调查教师对教师自身角色转变意义的认识。

②通过听评课,分析"重学巧教、自主探究"式教学对师生提出的要求。

③"重学巧教、自主探究"教学模式组织形式探索、评价体制研究。

(2) 构建有利于培养学生学习习惯的养成、学习方法的掌握以及具有合作精神与探究能力的课堂教学新方式及教学实践操作系统。

①转变教师传统教育观念,重新定位教师角色。

②转变学生由被动接受学习的方式,向自主、合作、探究的学习方式转变。培养学生团结合作、勇于创新的精神。

③培养学生养成自觉学习习惯,教给学生学习、探究的学习方法,以期达到能学、会学、爱学、勤学之目标。

④探索适应以师生互动、生生互动、师师互动、全员互动的合作学习,培养学生合作探究的精神与能力。

2. 课题研究的预期目标

旨在通过该课题的研究,学生能自觉、自主、合作、探究地学习,转变学生的学习方式和教师的教学方式,进一步优化课堂教学结构,提高课堂教学效率。同时,建立"重学巧教、自主探究"的课堂教学新方式和评价标准。

3. 课题研究方法及预期成果

(1) 研究方法

①文献研究法

搜集、查阅各类与课题有关的资料和教学改革实验，探究科学有效的课堂教学新方式和评价标准。

②调查研究法

通过问卷调查和访谈调查，了解学生的学习习惯和方法，了解学生对各位老师课堂教学的意见和建议。

③行动研究法

通过课堂观察等活动，了解各学科教学中存在的问题，并通过研讨交流活动制定改进方案，然后再观察根据改进方案所进行的课堂教学，以此循环。

④个案研究法

在行动研究过程中通过一个个教师的课堂教学研究，提炼出学科操作流程与要求。

(2) 预期成果

①研究结题报告。

②"重学巧教、自主探究"的课堂教学新模式和评价标准。

③教学成果（教学论文、教学设计、教学案例、教学经验、教学反思、师生小故事、心得体会……）编辑成册。

④课件、教具等相关材料整理归档。

⑤示范课音像制品。

(四) 课题研究的步骤

1. 第一阶段：课题研究的筹备阶段

(1) 实施时间：2014年4月至2014年9月。

(2) 实施目标：初步了解学科"重学巧教、自主探究"的课堂教学模式；熟悉"预习自学—交流初学—巧引精学—拓展研学"课堂教学程序；完成实施前准备工作。

(3) 实施内容：建立课题组织机构，成立课题研究小组，确定主要研究人员及分工，制定相关研究管理制度，创设课题实验环境，对实验教师进行这方面的理论学习与实践培训，制定课题实施方案。

（4）具体措施

①认真组织人员学习"重学巧教、自主探究"课堂教学的相关理论知识，制定好研究实施方案。

②组织实验教师利用每周的主题教研活动学习相关经验、观摩精品课堂与实践培训，让实验教师有章可循。

2. 第二阶段：研究试点阶段

（1）实施时间 2014 年 10 月至 2015 年 9 月。

（2）实施目标：推进"重学巧教、自主探究"课堂教学，基本达到对"预习自学—交流初学—巧引精学—拓展研学"课堂教学程序熟练驾驭，提高课堂教学效益。

（3）实施内容

①由负责人组织学习"重学巧教、自主探究"课堂教学模式相关资料，转变学生的学习方式，改变观念。

②了解和熟悉"重学巧教、自主探究"课堂教学模式和课堂教学程序；积极探讨与本学科相适应的"重学巧教、自主探究"教学模式，基本掌握模式与程序，提高课堂质量，实现思维活跃、收获丰厚的课堂效果。

③整理研究思路，全面实施，完善研究方案，分学科组织教师上研究课，组织课题组成员观摩、研讨，及时总结研究成果，撰写研究中期报告、阶段性研究论文，收集编辑优秀教案和课件。

（4）具体措施

①根据本次活动的周期性计划，实验教师必须从"三个一"抓起，即从每一个实验的班级抓起、从每一节课抓起、从最后一名学习基础差的学生抓起，力争使每一个学生都会学习、能学习。

②灵活运用"重学巧教、自主探究"的教学模式。在课堂教学中能运用"预习自学—交流初学—巧引精学—拓展研学"的教学模式。辩证地处理教和学

的关系，把学放在首位；辩证地处理学生和教师的关系，落实学生的主体地位。

③教师应相信可以教好每一位学生。积极辅导学习基础差的学生，力求做到因材施教。教师讲课的起点是学习基础差的学生，提问重点也是学习基础差的学生。

④实验教师应经常汇报实验的开展情况，将实验过程中的深刻感受或棘手问题做好教学后记，定期与课题组成员交流意见，随时修改方案中的不足之处。

⑤实验教师必须制定完整的课题阶段计划，定期上好每月的课题研讨课，学期末要对本学期的课题研究工作进行阶段总结、反思。

3. 第三阶段：全面推广阶段

(1) 实施时间：2015年9月至2016年6月。

(2) 实施目标：在全校推广"重学巧教、自主探究"的教学模式，提高课堂质量。

(3) 实施内容：在实验班取得成果的基础上，在全校范围全面推广应用。

(4) 具体措施

①根据实验的具体情况，再作补充与修改，成为一套可行性强、实效性高的教学方案，并在全校范围内推广与实施。

②组织教师上好"重学巧教、自主探究"课堂教学模式汇报课。

4. 第四阶段：总结反思阶段

(1) 实施时间：2016年9月。

(2) 实施目标：总结本课题研究的得失，整理资料，申请结题。

(3) 实施内容：在完成实施阶段各项任务的基础上，进行评价和总结工作，收集整理撰写研究报告，召开最终研究成果汇报会，申请结题。

(4) 具体措施

①组织研究人员收集整理资料及相关论文，装订成册。

②认真组织研究人员评价、总结各项研究工作，撰写结题报告，申请结题。

(五) 课题组人员分工

1. 课题管理

课题负责人：李金禄

联系人：黄凤英

成员：黄凤英、李琴、张丽华、官水生、邱清娥、罗雪如、陈宣春、张秀珠、李丽英、尤志蓉

2. 具体分工

李金禄：负责课题全面管理，落实课题研究的各项管理制度。

黄凤英：组织与课题相关的理论学习，做好课题的阶段计划、总结等。负责课题的联系工作和研究过程记录，做好实验班课题资料的收集、整理和分析等工作；具体负责实验班实践研究工作。

李琴：负责收集、整理与本课题研究相关的理论、国内外前沿信息等有关学习资料；具体负责实验班实践研究工作。

张丽华：具体负责实验班实践研究工作。

官水生：具体负责实验班实践研究工作。

邱清娥：具体负责实验班实践研究工作。

罗雪如：具体负责实验班实践研究工作。

陈宣春：具体负责实验班实践研究工作。

张秀珠：具体负责实验班实践研究工作。

李丽英：具体负责实验班实践研究工作。

尤志蓉：具体负责实验班实践研究工作。

(六) 课题研究的条件分析

1. 学校高度重视。课题负责人由校长李金禄亲自担任，负责协调工作，有利于处理好课题研究与学校各方面的关系，保障课题研究的顺利实施。李金禄校长近年来负责参与过《多元交叉式作文教学研究》《在数学课堂教学中有效倾听的研究》《颂歌中华经典　丰厚书香内涵》等课题的研究，有较高的

教育教学理论知识和科研能力。

2. 课题组成员都是校级领导、骨干教师和名师培养人选，有较强的科研能力，今年以来都有参加省、市、县的课题研究工作，有着丰富的教学经验和课堂调控能力。

3. 学校保证实验所必需的经费，如专家讲座、教师论文评比、公开课展示、外出参观等。

二、"重学巧教"课堂教学课题开题研讨活动

1. 活动方案

关于举行2014年市、县立项课题开题论证会
暨托管学校联研活动的通知

为进一步提升我校教师的教科研能力，推进课题研究，以课题研究促进我校的教学改革工作，打造高效课堂，促进城乡学校教学均衡发展，经研究决定举行2014年立项的市、县有关课题开题论证会暨托管学校联研活动。现将有关事项通知如下：

（一）时间：2014年11月21日（星期五）

（二）地点：学校录播室

（三）参加对象：3个课题组成员、县教师进修学校专家、枫溪学校部分教师

（四）内容和会议流程

1. 内容

市级课题：小学数学课堂教学中有效性提问的研究

县级课题："重学巧教、自主探究"课堂教学模式研究

2. 会议流程

（1）观摩课题研讨课。

（2）主持人介绍参加开题论证会的领导、专家及特邀来宾。

(3) 课题管理部门成员宣读《课题立项通知》。

(4) 课题负责人陈述课题开题报告。

(5) 课题组成员表态发言。

(6) 学校领导对课题研究的实施表态发言。

(7) 上级领导讲话。

2. 活动流程

时间		会议内容	执教人或讲座人	地点	主持人
11月21日	上午	1. 报到　8：00—8：20 2. 听开题研讨课 第一节　二年级数学《数学广角—排列问题》 （8：30—9：10） 第二节　六年级语文《少年闰土》 （9：45—10：25） 第三节　六年级习作讲评《我的小伙伴》 （10：35—11：15）	罗　媛 张丽华 曾桂招	录播室	黄凤英
	下午	1. 课题管理组人员宣读立项通知书 2. 三明市"小学数学课堂教学中有效性提问的研究"课题开题报告 3. 明溪县"重学巧教、自主探究"课堂教学模式研究课题开题报告 4. 明溪县小学语文"评改互动，以改促写"作文教学研究课题开题报告 5. 课题组成员代表发言 6. 课题专家组点评 7. 领导讲话	进修学校领导 曾翠彬 黄凤英 曾桂招 李晓雁 进修学校专家 进修学校领导		

3. 简讯摘要

2014年11月21日，明溪县第二实验小学成功召开2014年市、县立项课题开题论证会暨托管学校联研活动。本次开题的有市级课题"小学数学课堂教学中有效性提问的研究"，县级课题"小学语文'评改互动，以改促写'作文教学研究"和"'重学巧教、自主探究'课堂教学模式研究"。参加本次会议的有：明溪县教师进修学校小学语文教研室主任吕联辉和教研员邓冬娣老师，枫溪学校教导主任和有关教师，明溪县第二实验小学领导班子成员、课题组全体成员和相关科目的教师。

上午进行各课题的开题研讨，由课题实验教师罗媛、张丽华、曾桂招分别上了《数学广角——排列问题》《少年闰土》和习作讲评《我的小伙伴》三节课，都较好地体现了课题的内涵。

下午举行了开题论证会，会议由教导处副主任黄凤英主持。本次论证会共有五项议程。首先，由进修学校小学语文教研室主任吕联辉宣读课题立项通知书。接着，由课题负责人曾翠彬、黄凤英、曾桂招几位老师分别作开题报告，详细阐述各自所做课题的研究内容和背景、研究意义和价值、研究目标和创新点，以及研究步骤和

张丽华老师执教《少年闰土》

曾翠彬老师作开题报告

措施等内容。李晓雁老师代表课题研究教师进行了表态发言。进修学校两位专家认真听取了课题的开题报告和相关介绍后，从选题思路清晰、有研究价值、实验教师人员安排合理、阶段目标明确、组织领导有保证等几个方面给予充分的肯定，并对课题研究过程提出许多建设性的建议。最后，李金禄校长对我校课题研究的实施进行表态发言。他认为，我们要认认真真搞研究，扎扎实实做课题，要将"如何教""如何学"作为研究的重点，做有效的课

题。这些建议不仅为各课题组下一步科学有效地研究工作指明了方向，也为我校教师和枫溪学校教师提供了一场生动的教育科研培训。

本次联研活动，将我校的课题工作推广辐射到了枫溪学校，为城乡教育均衡发展起到了一定的推动作用。

4. 优秀案例

《少年闰土》教学设计（第一课时）

明溪县第二实验小学　张丽华

【教学目标】

1. 学会本课7个生字。能够正确读写"碧绿、郑重、允许、仿佛、厨房、刺猬、畜生、胯下"等词语。通读课文，从总体上掌握课文的主要内容及文章的思路。

2. 在整体感知的基础上，学习描写闰土外貌的片段和第一画面——看瓜刺猹的片段，了解闰土不仅是个健康、纯朴的农村少年，而且非常的勇敢，在作者的心中完全是一个小英雄的形象。

3. 学习作者对闰土的外貌描写，感知语言的表达力度，体会闰土的健康和可爱，尝试仿写。有感情地朗读第一自然段，并背诵第一自然段。

【教学重难点】

1. 教学重点：学习描写闰土外貌的片段和第一画面——看瓜刺猹的片段，了解闰土是个健康、纯朴、勇敢的农村少年。

2. 教学难点：学习作者对闰土的外貌描写，感知语言的表达力度，体会闰土的健康和可爱。

【教学过程】

（一）导入新课

1. 导语：同学们，有这样一位少年，他的年龄和我们相仿，想不想认识他？

2. 请看（出示课文插图）：这位少年是著名作家鲁迅儿时的伙伴，是鲁迅小说《故乡》中的主人公，他的名字叫——闰土。

学生读题

(二) 交流初学

1. 生字词

(1) 课前老师布置同学们预习了课文。现在，我看看你们读得怎么样？

(2) 出示生字词：指名读，齐读。

(3) 文中还有很多生僻的字词句，是不是也会读了？

2. 交流初读的收获

这些词句都读正确流利了，下面请自己再读读课文，看看，你都能读懂什么？

(1) 学生读书。

(2) 交流读懂了什么。

3. 提出问题，互释疑点，保留问题

鲁迅的文章语言精辟，同学们在初读课文中是否有不理解的地方？

(反馈交流，部分问题存疑。教师从学生的问题中了解学生的关注点和疑问点。)

(三) 巧引精学

1. 学习第一自然段

(1) 轻轻地读读这段话，什么地方给你留下了最深刻的印象？

(2) 反馈交流，体味提升。

第一句教学：

①指名读第一句。同桌互读，并且把认为读得好的同桌推荐给大家。再请这些同学齐读。学生评价。学习读。

②教师点拨：试想，每每回忆起这幅画面时，"我"的心中是一种怎样的感受？

③深情地读读这段话，把这幅画面，把这个小英雄深深刻在脑中。

第二句教学：

①指名读，思考：这是一个怎样的少年？

②刺猹——闰土不仅健康可爱，还非常勇敢，看插图中的少年分明是一个小英雄。

③不同形式的体味朗读，鼓励生生之间的评价与赏识。

指导背诵本段。（配乐）

2. 学习闰土的外貌

(1) 闰土长什么样呢？速读课文，画出有关句子。

(2) 读"他正在厨房里……用圈子将他套住了"一句。

(3) 谁来说说闰土的外貌有什么特点？

(4) 请一位同学总结闰土具有哪些特点？

(5) 抓住重点词，亲切地朗读这句话。

(6) 小练笔：学习作者对闰土外貌的描写，将大家对"我"的设想用几句话写一写。

(7) 反馈交流，师生评价。

(8) 小结：同学们的想象力很丰富。

（四）小结拓展研学

1. 这节课你有什么收获？

2. 下节课我们继续来了解闰土，学习鲁迅描写人物的一些基本方法，感受鲁迅内心的思想感情。

3. 导读：这样两个外貌、身份都截然不同的孩子，却成了难舍难分的朋友。老师建议大家课外好好地去读一读鲁迅写的《故乡》，读了以后你会对他们有更全面的了解。然后再细细地读读课文《少年闰土》，你一定会有新发现的。

（五）作业

1. 抄写生字词。

2. 有感情地朗读课文。背诵第一自然段。

3. 读一些鲁迅的作品或关于鲁迅的文章。

【板书设计】

17. 少年闰土

机智勇敢　　　动作

健康可爱　　　外貌

第三节　"重学巧教"课堂教学课题中期活动

一、"重学巧教"课堂教学课题中期报告

明溪县第二实验小学大胆、积极地推进课堂教学改革，于 2014 年 10 月确立了研究课题"'重学巧教、自主探究'课堂教学模式的研究"，获得了明溪县教师进修学校的立项审批，并于 2014 年 11 月举行开题论证仪式。自本课题开题以来，我校领导高度重视，李金禄校长为课题的负责人。在他的带领下，学校大力推行以学生为主的"重学巧教"课堂理念来提高课堂教学质量，力求避免无效教学，减少低效教学。本课题已经走过了第一阶段，第二阶段的研究工作也开展了一个学期。从 2014 年 11 月正式开题，预期到 2016 年 11 月结束，历时两年时间。现将前一阶段的研究工作整理汇报如下。

（一）前阶段工作概况

1. 成立课题领导小组，确立实验教师

自 2014 年 11 月本课题被确立县级研究课题以后，我们学校的领导就高度重视，从学校教师中精选教学骨干力量，成立了以校长为组长，分管教学的官水生副校长为副组长，教导主任、教研室主任、各年段备课组组长为实验教师的课题实验研究小组。接着，课题组成员就搜集相关理论资料，共同商议拟定了课题的实验方案、课题阶段研究计划、课题研究内容、预期达到的目标以及研究方法，并做好开题准备。

2. 召开课题组成员会议，明确分工

自本课题被立项以来，2014 年 11 月召开了课题组第一次会议，学习本课题实施方案，明确课题研究背景、研究意义、研究内容以及研究方法。拟定课题实施方案，明确各课题组成员分工。随后，每月课题组成员召开会议，或学习相关理论，或研讨在研究工作中存在的问题，分享经验、交流困惑等。

3. 根据计划，扎实开展研究工作

(1) 加强学习，转变观念

确立"重学巧教"的高效教学理念，促进教师教学行为的转变。我们认为，教师首先必须得具备与现代素质教育宗旨相吻合的教育观、学生观、管理观、质量观、人才观，这样才能更好地实施我们的研究。

(2) 组织研讨

自课题研究起，我们以课题研究为载体，以磨课（实验课）、研课、上课、评课等为主要活动形式。每月活动一次，每次三节课的时间，集体备课、听课、评课研讨。这样一来，不仅使大家在言语交锋中、思维碰撞中进行课题研究的探索，更在不懈的追求中，使自己逐步成为高品位、科研型教师。

(3) 不断反思，探讨课堂

探究实践中遇到的问题，并确立新的研究重点。学校的反思活动可谓形式多样：一是要求教师坚持撰写每课的"教后反思"，逐步养成勤于思考、注重积累、厚积薄发的良好的研究习惯。二是定期征集"教学案例"。每学期，我们都将教师的教学案例收集评选，并选送参加县、市级的一些比赛。三是鼓励教师撰写教学论文，参加各级汇编。在上述反思活动中，不断增强了教师对新理念的内化水平和对教育教学现象的洞察能力，从而为科研型教师的成长开辟了新途径。

(4) 及时总结

我们在课题研究的过程中，根据学校的实际情况，以及课题研究方案的目标要求，把课题研究和日常的教研活动紧密地结合起来，选择不同的方面作为研究的突破口，多形式、多渠道开展课题研究，规范课题研究的过程管理。

（二）课题研究完成情况

一年来，我校课题组成员以课堂教学为平台，从各自研究的侧重点出发，通过互动、互补，使课题研究开展有序，进展良好。

1. 深入学习，领会有关"重学巧教"的内涵，加强对《课程标准》的再学习，重视从相关的书中涉猎理论营养，对课题的广度和深度的认识进一步深化。

2. 课题负责人积极组织课题组成员参与课题研究互动，或听课、评课；或进行案例分析与反思；或学习传达省、市各级有关开展课题研究的会议精神，消除课题组成员的畏难心理；或与片区内的兄弟学校一起探讨、切磋、交流，现场感受课题研究在课堂教学中的展现，分享成功的经验，反思研究过程中出现的问题，有针对性地调整研究方案，初步形成和谐的课堂教与学的模式。

3. 构建"重学巧教"的教学结构框架。"重学巧教"这一新的课堂教学模式更加尊重学生的主体地位，对教师灵活地驾驭课堂教学的能力提出更高的要求。具体划分为四个阶段、六个步骤。四个阶段分别是：自主学习阶段、交流初学阶段、巧引精学阶段、拓展研学阶段；六个步骤分别是：预习引导，明确目标→自主学习，组内交流→分配任务，合作探究→展示质疑，拓展提升→穿插练习，全面巩固→达标检测，反馈校正。

4. 县教育局领导和进修学校教研员不定期对我校课题进展情况进行调研，对我们付出的努力与收获给以充分的肯定。尤其是我们能把课题研究立足于课堂教学，更是得到领导的一致赞同。同时，还对我们在研究中的一些困惑进行针对性的指导，也为存在的不足提出了今后改进的方向，增添了我们的科研热情与信心。一年来，我们已走出了初始阶段的困惑，对课题研究的方式、方法已有一定的把握。相信有课题组成员的共同努力，有各级领导的鼎力支持，我们有信心把本课题研究开展得更好。

（三）已取得的阶段性成果

目前，虽然课题仍处于研究阶段，但在李金禄校长的领导下，经过课题小组成员的共同努力，课题研究已经取得了一些阶段性的研究成果。

1. 本课题目前已经辐射到学校的各个学科，各学科教师在"重学巧教"这一大模式下，细化课题，从小处着手，将这一模式运用于自己的课堂教学中。

2. 课题组成员都能扎扎实实地按计划开展课题研究工作，主动积极地学习与课题有关的理论知识。自课题开展以来，集中学习了《学导相融、自主愉悦教学模式》《如何进行"读、品、悟"的感悟式教学》《坚持"教师主导、学生主体"的教学理念》《开放课堂，变"要我学"为"我要学"》等相关理论，这些相关的理论有利于教师更好地理解"重学巧教"这一教学理念。

3. 不但课题组成员之间能够相互学习、研讨，其他教师也能积极地参加到这一课题的研究活动中来，整个学校形成了一股浓厚的科研氛围。迄今为止，课题组成员共开展了七次研讨课，分别是张丽华老师执教的六年级语文《少年闰土》、张秀珠老师执教的六年级数学《圆柱的认识》、陈宣春老师执教的三年级数学《认识面积》、李丽英老师执教的二年级语文《玲玲的画》、尤志蓉老师执教的二年级语文《欢庆》、黄凤英老师执教的五年级语文《鲸》、罗雪如老师执教的二年级数学《乘法的初步认识》、李琴老师执教的一年级语文《我想去看看》。这些课各有特色，但老师们都能较好地运用"重学巧教"这一教学模式，突出了学生自主学习、教师巧妙点拨这一特点，给其他老师起到了很好的示范作用。同时，其他老师也能积极尝试运用这样教学模式进行教学。2015年5月14日，学校就"重学巧教"这一教学模式开展了主题教研活动，我校教师与来自建瓯实验小学的教师同台演绎。曾桂招、李晓雁、曾翠彬三位老师执教的课"以生为本，精教巧导"获得了县教育局领导和听课老师的一致好评。2015年11月24日，李琴老师与省送教名师同课异构，我校"重学巧教"这一教学模式再次得到名师团的认可。

4. 课题组成员除了每学期完成一篇课题研究阶段性小结外，还能编写一篇突现课题研究的教案案例、教学随笔、论文。其中，李琴老师撰写的论文《有效合作演绎精彩课堂》在 CN 刊物《福建基础教育研究》上发表，张秀珠老师撰写的论文《张弛有度，收放自如——浅谈小学数学开放性教学度的把握》在 CN 刊物《数学学习与研究》上发表，罗雪如老师撰写的论文《如何提高学生探究性学习的有效性》在福建省教育学会小学数学教育分会课题研讨会论文评选中获二等奖，官水生、黄凤英、张丽华等几位老师撰写的论文参加明溪县教师进修学校论文汇编。

5. 随着"重学巧教"这一课堂教学模式的推进，我校教师在课堂教学方面也获得了可喜的成绩。课题组成员罗雪如、邱清娥两位老师在 2015 年明溪县小学数学课堂教学比武活动中，分别获得了一等奖和二等奖；罗雪如老师执教的二年级数学《推理》，在 2015 年三明市小学数学教师课堂教学观摩研讨活动中获得二等奖；林明炬老师执教的《我们来"造环形山"》，在 2015 年 11 月 5 日三明市小学科学教学比武中荣获一等奖；曾翠彬老师的微课《三角形的内角和》，在 2015 年三明市小学数学微课大赛中获二等奖；林芬老师的微课《立定跳远》，在福建省微课大赛中获一等奖。

6. "重学巧教"这一课题的实施，既减轻了学生的负担，又提高了课堂效率，使我校的教学质量大大提高。在 2015 年 6 月的小学语文毕业班质检中，我校各科成绩名列前茅。

（四）课题研究中存在的主要问题

课题的研究，在课题组成员的共同努力下，已取得明显的成效，但研究还只是停留在较为浅显的层次，研究中还存在一些问题有待解决。

1. 首先，表现在班级学习机会差异悬殊，部分学生课堂实用时间少。教学时间对全班学生而言一般是一样的，但课堂实用时间、学习机会和质量则可能存在较大差异。学生在课堂教学活动中的思维普遍存在依赖性、单一性、无序性、浅露性和缓慢性等特点。

2. 个别教师在开展研究的过程中过于注重形式，无效的教学活动掩盖了对文本的理解，整节课看起来热闹，其实学生缺乏有价值的思考，收获甚浅。教师在课堂中如何精教巧导，如何进一步培养学生特别是中下生的自学能力，还是一个长期的研究内容。

3. 本课题研究成果主要通过课题总结报告、教学研究论文等形式呈现，而如何使这些成果能够深刻体现设想中"重学巧教"的教育思想，真正落实到日常具体教学过程中，还是一个研究的难点课题。

(五) 今后研究的方向

1. 教师要有清晰的教学思路

课堂教学的成功与否，很大程度上取决于教学思路是否清晰。教师在熟悉教材、研读教材的同时，逐渐地会产生一个如何教的完整的思路。一般来说，学生对教材的学习主要是循着教师的思路进行的，因此教学思路就有了鲜明的实践性的特点。它不只存在于教师的头脑中、教案中，而必须转化为课堂教学活动。教学思路清晰，课堂就会呈现清晰，学生的思维也会渐渐清晰，从而会获得创造性思维的启迪。

2. 教师要精教巧导

教师的导在课堂教学中是不可或缺的，但应把握分寸，适时地导、巧妙地导。例如语文课，在教学的某个环节，恰当地讲解分析课文的某些句段，对于帮助学生理清思路是极为重要的。恰当地讲，才能促进学生对课文的理解，提高其鉴赏水平。蜻蜓点水或过深过透地讲，都无助于学生的文化积累和思维锻炼。

3. 教师应善于设计问题

促进学生思考提问是组织教学启发学生思维的手段，能帮助我们探索并优化学生的认知结构。教师应熟悉教材和学生，设计出有价值的问题进行提问。提问应有一定的导向性，如导向文化感、导向品格修养等，促进学生的思考。这样的提问和由提问引出的讨论，才利于学生思维素质和思想素质的养成，有利于激发学生学习的主动性和创造性，有利于学生自主学习。

4. 提高学生参与教学全过程的程度

(1) 留足思维空间。在课堂教学中，教师提问后切不可急于求取答案或是告知因果，而应最大限度地留给学生足够的时间和空间，使他们有主动参与学习的机会，然后进行全班交流，教师适时点拨。这样，通过让学生自己分析、思考、咀嚼、品味，增强了他们对知识的消化吸收能力，发挥了内在的创造力。

(2) 组织小组讨论。讨论是学生积极参与学习活动的有效形式。它既可以给每一位学生展示自己才能的机会，培养团结协作的精神，又能让学生在多向交流中集思广益，便于学生学习别人的长处，自我解惑，自我提高。

(六) 预期成果

1. 研究结题报告。
2. "重学巧教、自主探究"的课堂教学新模式和评价标准。
3. 教学成果（教学论文、教学设计、教学案例、教学经验、教学反思、师生小故事、心得体会等）编辑成册。
4. 课件、教具等相关材料整理归档。
5. 示范课音像制品。

(七) 经费使用情况

学校大力支持本课题的研究工作，提供办公软件、办公平台、打印纸以及办公地点和会议场所，为课题的正常开展提供了有力的保障。同时，课题开展的各项活动经费也由学校支出。学校还派出课题组成员外出学习，聘请专家对本课题的研究工作进行指导。

该课题实施近一年来，所有成员在平时的教学实践中，能够立足于学生的现实生活，课内教方法，课外练能力，培养学生学会从生活中学习、体验，学生也获得了很大的进步。我们将认真总结前阶段课题研究的成败得失，认真制定后续研究规划，以期取得更大的成果。

二、"重学巧教"课堂教学课题中期研讨活动

（一）"联通杯"重学巧教课堂教学比武

1. 方案摘要

明溪县第二实验小学"联通杯""重学巧教"
课堂教学比武活动方案

为深入开展"重学巧教"课堂教学模式的课题研究，推进我校的课堂教学改革，促进教师专业化发展，努力打造高效课堂，经研究，决定举办明溪县第二实验小学"联通杯""重学巧教"课堂教学比武活动。

1. 活动时间

2016年3月至2016年6月

数学学科：2016年3月

英语及语文学科：2016年4月

综合学科（体育、美术、音乐、科学、信息等）：2016年5月

2. 活动地点

录播室、学术交流中心

3. 参加人员

全体任课教师

4. 领导小组

组　　长：李金禄

成　　员：官水生　黄凤英　李琴　曾翠彬　邱清娥　叶芳

5. 评委组

组　　长：李金禄

成　　员：学校教研室、教导处、教研组及相关人员

2. 活动安排

明溪县第二实验小学"联通杯""重学巧教"课堂教学比武

(数学科)活动安排

1. 时间安排

(1) 比赛时间：2016年3月15日至18日

(2) 备课组组长3月14日上午第三节课前上报组内教师比赛的班级及教学内容。

2. 比赛地点

录播室、学术交流中心

3. 领导小组

组长：李金禄

成员：官水生　黄凤英　李琴　曾翠彬　邱清娥　叶芳

4. 评委组

组长：李金禄

成员：中年级组：官水生　邱清娥　官凤清

高年级组：曾翠彬　李晓雁　李菊莲

低年级组：罗媛　罗雪如　陈岚

5. 注意事项

(1) 课堂教学比武上课时间为40分钟，教学内容自选（建议选用一至六年级下册教材的内容）。

(2) 各备课组组长在比赛当天组织好本组教师参与听课和赛后评课活动，其他教师比赛期间根据实际情况积极参与听课评课，每天至少3节。

(3) 各备课组组长在比赛结束后组织评课做好记录并上交，参赛教师上交执教内容的教学设计及反思。

(4) 此次比武设一等奖2名、二等奖8名。

明溪县第二实验小学"联通杯"重学巧教课堂教学比武

（语文科）活动安排

1. 时间安排

（1）比赛时间：2016年4月6日至14日

（2）备课组组长3月23日上午第三节课前上报组内教师比赛的具体时间。

2. 比赛地点

录播室、学术交流中心

3. 领导小组

组　　长：李金禄

成　　员：官水生　黄凤英　李琴　曾翠彬　邱清娥　叶芳

4. 评委组

组　　长：李金禄

成　　员：中年级组：王凤莲　曾桂招　李婉莹

高年级组：黄凤英　张丽华　冯秀莲

低年级组：李琴　叶芳　李丽英

5. 注意事项

（1）课堂教学比武上课时间为40分钟，教学内容自选（建议选用一至六年级下册教材的内容）。

（2）各备课组组长在比赛当天组织好本组教师参与听课和赛后评课活动，其他教师比赛期间根据实际情况积极参与听课评课，每天至少2节。

（3）各备课组组长在比赛结束后组织评课做好记录并上交，参赛教师上交执教内容的教学设计及反思。

（4）此次比武设一等奖2名、二等奖8名。

明溪县第二实验小学"联通杯"重学巧教课堂教学比武

（英语科）活动安排

1. 时间安排

（1）比赛时间：2016年4月26日至29日

（2）备课组组长4月11日上午第三节课前上报组内教师比赛的具体时间。

2. 比赛地点

录播室、学术交流中心

3. 领导小组

组　　长：李金禄

成　　员：官水生　黄凤英　李琴　曾翠彬　邱清娥　叶芳

4. 评委组

组　　长：李金禄

成　　员：黄凤英　卢萍　张婧　王秀红

5. 注意事项

（1）课堂教学比武上课时间为40分钟，教学内容自选（建议选用一至六年级下册教材的内容）。

（2）各备课组组长在比赛当天组织好本组教师参与听课和赛后评课活动。

（3）各备课组组长在比赛结束后组织评课做好记录并上交，参赛教师上交执教内容的教学设计及反思。

（4）此次比武设一等奖1名、二等奖1名。

3. 简讯摘要

4月6日至4月14日，我校举行了一次"联通杯""重学巧教"语文专场的课堂教学比武活动。此次活动为期两周时间，分低、中、高三组进行，参赛率达100%。34位语文教师精心准备，充分发挥了各自的教学智慧，认真钻研教材，运用新的课改理念指导教学，注重学生自主能力的培养。课堂上既有书声琅琅，也有浮想联翩；既有议论纷纷，也有思想默契；既有走笔沙沙，也有情意绵绵……教师们分别用自己的理解诠释了"重学巧教"这一思想真谛。经过紧张有序的角逐，本次比武活动揭晓如下：李琴、黄凤英老师荣获一等奖；曾桂招、王凤莲、李婉莹、叶芳、温晓晓、余华、尤志蓉、吴桂香八位教师获得二等奖。

黄凤英执教五年级语文《自己的花是让别人看的》

这次语文专场的课堂教学比武活动不但展示了我校教师的风采，更重要的是进一步推进了我校"重学巧教"这一课题的研究工作。教师们通过听课—上课—磨课，相互学习、取长补短，将"重学巧教"这一教学理念植入心中。

2016年3月15日至4月25日，我校举行了为期两个月的"联通杯""重学巧课"堂教学比武活动。为了更好地总结此次比武的得与失，促进教师的专业成长，我校于5月9日举行"联通杯""重学巧教"课堂教学比武活动总结暨表彰大会。参加本次大会的有明溪县教育局局长唐福华、县文明委主任陈建华、县关工委副主任王云琴、中国联通公司明溪分公司总经理林凤云等。

本次大会由李金禄校长主持。大会共分为三个议程：一是我校教研室主任黄凤英就课堂教学比武活动作总结报告。希望老师们能博取丛长，把"重学巧教"植入课堂。二是与会领导为获奖教师颁奖。本次比武获得一等奖的教师有曾翠彬、李菊莲、李琴、黄凤英、卢萍，获得二等奖的教师有何桂香、张秀珠、罗媛、李晓雁、邱清娥、官凤清、罗雪如、周玉银、曾桂招、王凤莲、李婉莹、叶芳、温晓晓、余华、尤志蓉、吴桂香、张婧。三是唐福华局长讲话。他对我校开展的课堂教学比武活动及取得的成绩表示充分的肯定,并就如何激发学习兴趣和教师的责任心与爱心提出建议,希望教师们关爱每个学生,做学生的良师益友。

最后,李金禄校长为表彰大会作总结。他希望全体教师以本次比武活动为起点,加强学习,大胆尝试、勇于实践,落实好"重学"把握好"巧教",努力使自己成为新一轮课改的先锋。

获一等奖教师合影

4. 优秀案例

《自己的花是让别人看的》教学设计（第一课时）

明溪县第二实验小学　黄凤英

【教学目标】

1. 认识3个生字,会写7个生字。正确读写"天性、宇宙、真切、脊梁、家家户户、莞尔一笑、花团锦簇、姹紫嫣红、应接不暇、耐人寻味"等词语。

2. 学会运用抓重点句、品关键词、想象画面的方法谈感受,体会德国风景的奇丽和民族的奇特。

3. 能通过自己的学习体验有感情地朗读课文,体会作者蕴藏在字里行间的思乡之情。了解作者描写异国风景风俗的写作特点,能在自己的习作中自觉运用。

【教学重难点】

1. 正确、流利、有感情地朗读课文,了解作者介绍的德国风景,感受德国风景的奇丽。通过引导学生用抓重点句、品关键词、想象画面的方法来谈感受。

2. 能通过自己的学习体验有感情地朗读课文，体会作者蕴藏在字里行间的思乡之情。了解作者描写异国风景风俗的写作特点，能在自己的习作中自觉运用。

【教学过程】

课前活动：PPT出示世界各地的标志性建筑，让学生猜。

（一）导入新课

1. 师：今天我们要跟随季羡林先生去游览德国。齐读课题《自己的花是让别人看的》，谁的花是让谁看的？再读一次。

2. 题目往往是文章的眼睛。请你回忆回忆，当你第一次读到这个题目时，你的内心是怎样的感觉？如果让你用一个标点符号来表达当时的感觉，你会用什么符号？拿笔写在课题的旁边。指名说，并说明理由。

3. 师过渡：总之一句话，自己的花是让别人看的。读到这个课题，让人不可思议，这是怎么一回事呀？让我们走进课文去寻找答案吧。

【设计意图：题目是文章的"眼睛"，从课题入手，发挥这双"眼睛"的作用，给学生提供学习课文的线索，提高了课堂效率。】

（二）预习引导，明确目标

1. 师：课前布置预习。（巡视指导写字，出示答案，学生订正。）

2. 教师根据巡视情况，指导学生书写容易写错的字。

3. 回答第一个问题：作者几次来到德国，看到了怎样的景象？找出最能体现作者感受的句子。

4. 引导学生概括主要内容：你看，有的时候抓住文章的关键语句，联系课题，就能把握课文的主要内容。

出示句子：多么奇丽的景色！多么奇特的民族！那么，从字面上理解奇丽和奇特，这是什么意思呢？（板书：奇丽 奇特）

【设计意图：对于高年级的学生来讲，需要具备一定的自学能力。因此，如何指导学生课前预习尤为重要。在课前布置预习提纲，由易到难，一上课

就检查预习，以学定教，顺学而导。】

(三) 自主学习，组内交流品味奇特

1. 静心默读课文，看看课文什么地方让你感受到德国民族的奇特，哪些地方让你感受到景色的奇丽？画出相关的语句，并把自己的感受批注在句子旁边。

2. 小组交流。

3. 全班交流。

【设计意图：《语文课程标准》指出："语文教学应该注重培养学生自主学习的意识和习惯，为学生创设良好的自主学习情境。"因此，课堂上我留出一定的时间让学生动笔批注，调动学生的学习积极性。阅读也应该是有分享的，让学生先同桌交流阅读感受，学生可以吸取同学的意见修改批注。这样，学生的阅读技巧就在反复的修改中得到锻炼和提高。】

预设一：家家户户都在养花。他们的花不像在中国那样，养在屋子里，他们是把花都栽种在临街窗户的外面。花朵都朝外开，在屋子里只能看到花的脊梁。

(1) 学生谈体会。

(2) 教师引导学生抓住三个"都"，感受德国人爱花之真切和养花方式的奇特。

(3) 指导学生读出"吃惊"的语气。

小结：就是这样，围绕着"吃惊"和"真切"，作者一唱三叹。如此一来，我们发现德国人养花就是给别人看的。(回读课题，读出肯定的语气。)

师过渡：你说这些德国人傻不傻？(生自由答)

师：那就一起到德国的街道上去看看，究竟是一番怎样奇丽的景象呢？

(四) 合作探究，突破难点

预设一：走过任何一条街，抬头向上看，家家户户的窗子前都是花团锦簇、姹(chà)紫嫣(yān)红。许多窗子连接在一起，汇成了一个花的海洋，让我们看的人如入山阴道上，应接不暇。

1. 请生抓住关键词谈谈自己的体会。

学生自由汇报："花团锦簇""姹紫嫣红"。

教师引导学生交流："花团锦簇"写出了花的数量多，"姹紫嫣红"写了花的颜色美。

2. 你们能结合平时生活中看到的景象，想象"花团锦簇""姹紫嫣红"是一幅怎样的画面吗？

3. 生想象汇报。

4. 师过渡：同学们的描述，让老师的眼前仿佛出现了一个五彩斑斓、鲜花竞相开放的景象。我们一起来看看，这就是"花团锦簇"。（出示图片）

5. （结合课件）师过渡：这些花朵挤挤挨挨，簇拥在一起，我们可以用这样的成语来形容——花团锦簇。

6. 质疑：形容花颜色多的词很多，你还能说出别的词吗？（生说）为什么季羡林先生单单选了"姹紫嫣红"呢？

7. 教师引导：在字形上姹和嫣有什么共同点？（"女"字旁，形容像女子一样美好的意思。）"姹紫嫣红"写出了鲜花像美丽的少女一样仪态万千。

8. 总结：季羡林先生真不愧是我国的语言学大师，真会用词，他仅用了"花团锦簇、姹紫嫣红"就把我们刚才讲的那么多意思包含在里头，这就是作者用词的精妙之处。

9. 指名读这一句，指导朗读。

10. 质疑："任何一条街"，你体会到了什么？指名学生说。

11. 同学们，让我们穿越时空，和作者到德国的街道去看看吧。（课件出示图片）同学们，这是一种怎样的享受呀！谁能读出你的享受？

预设二：许多窗子连接在一起，汇成了一个花的海洋，让我们看的人如入山阴道上，应接不暇。

1. 请生抓住关键词谈谈自己的体会。

2. 我们在以前学过的哪篇课文中曾遇到过"应接不暇"？（巴金《鸟的天堂》）"应接不暇"是什么意思？（形容景物繁多，眼睛看不过来。）

3. 师过渡：德国街道上的花实在太多，我们看了左边，又想看——右边；看了楼上的花，又想看——楼下的花；看了这条街，又想看——那条街。哪一处美景都不舍得错过，这就是"应接不暇"。

4. 观花人的这种情感，你能体会吗？把你的体会读出来。（指名读这一句。）

5. 质疑：这句话有一个词让老师很感兴趣，是哪一个词？（山阴道）

6. 提问山阴道的意思。

7. 生汇报。

8. 课件出示：山阴道图片，解释山阴道是中国浙江省绍兴市通往枫桥的一条古石道。不仅有同学们刚才所说的绿树成荫，还有幽幽古道、清澈见底的小河以及古典的兰亭。

质疑：作者明明走在德国的街上，为什么会觉得像走在家乡的山阴道呢？

9. 教师补充季羡林当年的留学背景，出示《怀念母亲》一课中的片段，引导学生感受作者蕴藏在文字背后的思乡情。

10. 带着这样的感受，你又会怎样读这一段话呢？

11. 总结：这样优美的语言，简直就是一首小诗，让我们把它吟诵出来。（师读一句，生读一句，配乐。）

走过任何一条街，

抬头向上看，

家家户户的窗子前都是——

【设计意图：语文教学应该以学生自读自悟、自学探究为基础。在本环节的教学中，我抓住重点词句，设计了"在读中理解词句，通过理解词句来学习课文"的方法进行教学，引导学生用各种不同的方法来体会德国景色的奇丽。将理解词语与指导朗读、学习课文联系在一起，使学生真正做到"读中

悟，悟中读"。通过有感情朗读，充分表达出作者对这奇丽风景的欣赏和赞美，进而达到熟读能诵。】

（五）写法迁移，拓展延伸

课件出示：走过任何一条街，抬头向上看，家家户户的窗子前都是花团锦簇、姹（chà）紫嫣（yān）红。许多窗子连接在一起，汇成了一个花的海洋，让我们看的人如入山阴道上，应接不暇。（"走过任何一条街……姹紫红"用红色字体，"许多窗子……应接不暇"用蓝色字体。）

教师总结：你们看，在这短短的一段话中，前一句写了现实中的景，后一句写了作者的想象。写景的文章，就得这样将写实景与想象相结合，才能把景写得更美。（板书：实景与想象结合）同学们可以把这种方法运用到我们的习作中。请拿出练习纸，试试看！

春天的河滨公园真美呀！绿树成荫，鲜花盛开，你瞧

漫步在河滨公园内仿佛……

【设计意图：小学生写作最缺乏的是找到好的素材。我将学生熟悉的河滨公园景观作为他们的写作素材，目的就是为了唤醒他们对身边常见素材的重视，也以此来激发兴趣，让学生仿照季老的写作手法写写身边的景，学习"实景与想象相结合"的写作手法。】

（六）展示质疑，全课总结

同学们，正因为德国人奇特的养花方式，才让我们能欣赏到这样奇丽的景色。现在，咱们再来读读这个课题，此时你会是什么感受呢？（老师标上感叹号）这节课，咱们通过抓重点句、品关键词、想象画面的方法领略了德国奇丽的风景和奇特的养花方式。你还有什么问题想要问的呢？其实这里头还包含着德国人独特的处事原则，到底是什么呢？这个问题，留着我们下节课继续学习。

（七）作业设计

1. 背诵第三自然段。

2. 课后阅读季羡林离开德国35年后写下的感人至深的名文《重返哥廷根》。

【板书设计】

自己的花是让别人看的

奇特　　都……都……都……　　抓重点句

　　　　花团锦簇　　　　　　　品关键词

奇丽　　姹紫嫣红　　　　　　　实景与想象结合

　　　　应接不暇

《欢庆》教学设计

明溪县第二实验小学　尤志蓉

【教学目标】

1. 认识7个生字，会写3个字。

2. 正确、流利、有感情地朗读，读出喜庆、欢乐的气氛。

3. 加深对祖国的热爱之情。

【教学重难点】

教学重点：1. 识字、写字。2. 加深对祖国的热爱之情。

教学难点：有感情地朗读，读出喜庆、欢乐的气氛。

【教学方法】

图文结合法、朗读感悟法。

【教学过程】

(一) 导入

1. 同学们，你们有过生日吗？能不能告诉大家自己的生日是哪天？那你们知道祖国妈妈的生日是哪天吗？(10月1日)

是的，我们马上就要迎来祖国妈妈的第66个生日。小朋友能给大家介绍一下国庆节的来历吗？

2. 介绍国庆节来历

3. 今天，我们就来学习一首描写欢庆国庆节的小诗。齐读课题：欢庆。（读准生字"庆"）

（二）检查预习

1. 带拼音读。

2. 去拼音读。

3. 读生字词。（小老师带读）

4. 读生字。

（三）交流初学

1. 自由读课文。（要求：读准字音，读通课文）

2. 教师范读。

3. 再读课文。（自学提示：1. 数数诗中有几句话？标上序号。2. 有谁来欢庆祖国妈妈的生日？用"＿＿"画出来。）

（四）巧引精学

1. 结合课件，理解、朗读、感悟第一句。

2. 理解第二句。

（1）看课件，感受欢庆气氛。

（2）理解"十三亿孩子"。

（3）齐读第二句。

3. 小结

（五）拓展研学

1. 配乐合作齐读课文。

2. 模仿课文说句子。

（六）书写指导

（七）布置作业

【板书设计】

9. 欢庆

田野——果实

枫林——旗帜

蓝天——鸽子

大海——乐曲

十三亿孩子——欢庆

【教后反思】

《欢庆》这首诗，写的是给祖国妈妈过生日的情景。从田野到枫林，从蓝天到大海，从首都北京到天涯海角，到处都沉浸在欢乐之中。金黄的果实、火红的枫叶、洁白的鸽子、阵阵的海涛，构成了多么美丽、欢乐、祥和的图画！读着读着，我们似乎看见农民丰收的笑脸，看见天安门广场上缓缓上升的国旗；似乎听见中华儿女对和平的呼唤，听见各民族兄弟姐妹祝福祖国的共同心声。

《欢庆》教学的重难点是把朗读与想象结合起来，以读为主，读中想象，读出层次，读中感悟各族人民为母亲过生日的情景，从中体会喜庆、欢乐的气氛。在揭题解题之后，我就引导学生朗读：十月一日——祖国妈妈的生日。在课堂快要结束，学生的感情得以共鸣时，我又引导学生有感情地朗读：十月一日——祖国妈妈的生日；十月一日——是个美好的日子。这是朗读的主线，也是情感升华的主线。

我在这篇诗文教学中，把识字教学和激发爱国感情作为教学的重点。识字教学布置学生课前预习，课堂上我设计带拼音读词语、去拼音读词语、直接读生字等环节，并且在识字过程中充分关注后进生，提供机会让后进生读生字词。感觉前半节课识字过程较流畅，学生倾听很认真，参与课堂活动的积极性比较高，识字检测的效果也比较好。在理解诗文时，我首先让孩子整体感知课文，并在欣赏图片中理解感悟诗文，从而有感情地朗读。接着，适时引导学生展开想象。在此基础上，又设计有启发性的问题：田野上会有哪些果实？它们的心情是什么样子呢？这样更能帮助学生展开想象融入诗歌。这节课中，孩子们的朗读是充分的，形式也较多（如指名读等），绝大部分的学生都投入到了诗歌当中。

（二）"重学巧教"主题教研活动

1. 活动方案

关于组织参加"重学巧教"主题教研活动的通知

各中心小学（校）：

为了深入推进课堂教学改革，切实解决课堂教学中存在的实际问题，有效提高课堂教学效率；同时，推动片区管理工作的深入开展，加强校级之间的交流与合作，促进城乡教育均衡发展，经研究，决定于2015年5月14日在明溪县第二实验小学开展"重学巧教"主题教研活动。现将有关事项通知如下：

1. 活动时间：2015年5月14日

2. 活动地点：明溪县第二实验小学

3. 参加人员

各校根据活动安排表，分别选派相关学科1名教师代表参加。

4. 会议内容

（1）公开课观摩

（2）专题讲座

（3）互动交流

2. 活动安排

明溪县第二实验小学"重学巧教"主题教研活动安排表

时间			年级科目	教学（讲座）内容	执教老师	地点
5月14日	上午	8：00—8：20		各校教师报到		二楼录播室
		第1节 8：30—9：10	六年级语文	习作讲评课"难忘的小学生活"	明溪县第二实验小学　曾桂招	
		9：10—9：40		大课间活动		
		第2节 9：40—10：20	六年级语文	作文指导课	福建省学科带头人、南平市建瓯实验小学副校长　魏兴有	
		第3节 10：30—11：30	语文	作文教学专题讲座"新概念新思维新表达"	福建省名校长、特级教师、南平市建瓯实验小学校长　曹建忠	
	下午	第1节 2：30—3：10	六年级数学	"有趣的平衡"	明溪县第二实验小学　李晓雁	二楼录播室
		第2节 3：25—4：05	四年级数学	"三角形的内角和"	明溪县第二实验小学　曾翠彬	
		第3节 4：15—4：55		互动交流	官水生	

3. 简讯摘要

　　为了深入推进课堂教学改革，切实解决课堂教学中存在的实际问题，有效提高课堂教学效率，促进我校名师培养人选的成长，为他们提供一个展示自我、相互交流、促进成长的平台，我校于5月14日开展"重学巧教"主题教研活动。本次活动不仅得到了县教育局和县教师进修学校的大力支持，还荣幸地邀请到了全国模范教师、福建省特级教师、南平市建瓯实验小学校长曹建忠和福建省学科带头人、南平市建瓯实验小学副校长魏兴有，他们的到来为本次活动锦上添花。

上午，围绕"重学巧教"这一主题，主要针对作文教学中存在的问题开展活动。首先，由我校的名师培养对象曾桂招老师执教了一节《难忘的小学生活》作文讲评课。曾桂招老师朴实的教学风格、扎实的教学功底获得了曹建忠校长的认可，他充分肯定了我校"评改互动，以改促写"这一课题研究的价值。接着，由魏兴有副校长为我们带来一节六年级的作文指导课《守望绿色家园》。魏兴有副校长精巧的课堂教学设计、沉稳的教学风格、巧妙灵活的教学方法、春风化雨般的语言，深深地折服了所有的听课老师。最后，曹建忠校长以《从"平移作文"走向"具实作文"——本源、本色、本体》为题，从作文是什么、当今作文教改的趋势是什么、要解决的问题是什么及如何破解等几个问题入手，和全体教师一起分享了他多年来在作文教学方面的一些经验和方法。曹建忠校长全新的教育理念、丰富的案例、风趣幽默的语言，赢得了在场听众的阵阵掌声，使在座教师深受启发，获益匪浅。

曹建忠校长与教师分享教学经验与方法

下午，我校的名师培养对象李晓雁和曾翠彬老师分别执教了两节数学课。两位老师都能围绕"重学巧教"这一主题设计教学活动，在教学过程中关注学生的生活实际，为学生创造自主学习的机会，让学生通过合作交流和动手实践获得新知，有效激发了

李晓雁老师执教《有趣的平衡》

学生的学习积极性，提高了课堂教学的实效性。课后，组织听课教师对这两节课进行了研讨，为我校"重学巧教"这一教学模式的研究提供了许多宝贵的意见。

本次活动既有专家的引领，又有名师的示范，对我校"重学巧教"这一教学模式的研究工作起到了积极的推进作用。

4. 优秀案例

《有趣的平衡》教学设计

明溪县第二实验小学　李晓雁

【教学目标】

1. 通过实践活动，发现"左边的棋子数×刻度数＝右边的棋子数×刻度数"，初步感受杠杆原理。

2. 在实验中发现当"左边的棋子数×刻度数"的积不变时，"右边的棋子数"与"刻度数"成反比例关系，加深对反比例关系的理解。

3. 使学生初步学会运用数学的思维方式去观察、分析现实社会，去解决日常生活中和其他学科学习中的问题，增强应用数学的意识，培养动手操作及归纳、推理的能力。

【教学重难点】

探究并发现杠杆平衡的规律，加深对反比例关系的理解。

【教学过程】

（一）创设情境，游戏导入

1. 课件出示两个小朋友玩跷跷板的游戏情境。

师：停止时，跷跷板处于什么状态？

2. 学生游戏。

3. 导入新课，板书课题。

（二）探索与发现

活动一：探索特殊条件下竹竿保持平衡的规律。

1. 初步感知。

师借助支架和有一定等刻度数的塑料管，操作后让塑料管保持平衡的状态，让学生观察感悟。

2. 介绍杠杆的简易装置。

3. 演示实验，总结规律：在左右两边刻度数与棋子数分别相同的情况下能保持平衡。

4. 探索塑料管平衡与哪些量有关。

师：通过观察，你觉得平衡与什么有关？

师演示：左边刻度数与棋子数保持不变，右边棋子数不变，刻度数由4移到3，塑料管失去平衡。

活动二：探索在一般条件下竹竿保持平衡的规律。

1. 师：平衡与左右两边的刻度数、棋子数到底有着怎样的关系呢？我们就从这次不平衡开始深入研究。有什么方法能让它恢复平衡呢？请大家想想，把你的想法与同桌说说。

2. 学生同桌交流并反馈。

3. 分组实验，验证猜想。

4. 分组反馈验证结果。

5. 验证猜想，发现规律。

师：观察实验报告单，你们有什么发现？（要想使塑料管平衡，左边的棋子数×刻度数＝右边的棋子数×刻度数）同学们发现的规律，实际上就是科学上著名的"杠杆原理"，是物理学家阿基米德发现的。拴绳子的那个点就是支点。

（三）应用规律，体会反比例关系

课件出示：左边在刻度4上放3个棋子并保持不变时，右边分别在各个刻度上放几个棋子才能保证平衡呢？

引导学生理解：左边在刻度4上放3个棋子并保持不变的含义。

师：观察表格，右刻度数和所放棋子数有什么关系？这会让我们联想到什么知识？

引导发现：左边刻度数×棋子数的积一定时，右边刻度数与棋子数成反比例。

（四）联系生活，知识应用，解决实际问题

1. 生活中还有哪些关于平衡的例子？你能说说吗？

2. 猜成语。

3. 利用平衡的规律解决问题。

（1）课件出示：你能利用平衡的原理，算出吗？（用反比例解答）

（2）星期天，爸爸带小明和妹妹到公园去玩跷跷板，小明的体重为30千克，姐姐的体重为36千克。如果要让跷跷板两边平衡，你有什么办法？如果小明坐在离支点12分米处，姐姐应坐在离支点几分米处才能保持跷跷板平衡？

（3）一块重120千克的大石块放在离支点40厘米处，工人叔叔在离支点120厘米的地方，该用多大的力能把大石块撬起来？如果想要用更小的力撬起石块，有什么办法？

（五）课堂总结

师：这节课，你们有什么新的感受与想法？

第四节 "重学巧教"课堂教学课题结题活动

一、"重学巧教"课堂教学课题结题报告

（一）课题研究情况说明

课堂教学改革一直是教育改革中备受关注的主题。一方面，课堂教学是我国中小学教育活动的最基本的构成部分，是中小学生在学校生活的主体部分，是中小学生素质发展的主要渠道，其重要性不言而喻；另一方面，课堂教学改革涉及教育问题的方方面面，它不仅要改变教师根深蒂固的传统教育观念，同时还要改变教师习以为常的教学行为、教学方式乃至生活方式，其

艰难性不言而喻。课堂教学不仅占去了师生在校的绝大部分时间，而且其质量如何，最直接影响学校办学目标的实现，影响教书育人的效果。因此，构建合理的、适应教育发展要求的课堂教学模式，就成为现代教育改革的一项重要目标。

目前，"还课堂于学生"，构建高效课堂教学的改革，在全国正如火如荼地进行着。我校也大胆、积极地推进课堂教学改革，于 2014 年 10 月提出的"重学巧教"这一课堂教学模式，获得了明溪县教师进修学校的立项审批。自 2014 年 11 月本课题开题以来，我校领导高度重视，李金禄校长为课题的负责人。在他的带领下，通过了近两年的研究，教师们更新了教育观念、转变了教学行为，能主动运用并探索先进有效的教学方法，推进了我校课程改革的发展，促进了课堂教学优质、高效，进一步提升了我校教师的综合素质和教学业务水平，实现了课堂教学效果质的提升，实现了师生的共同发展。

（二）课题研究主要过程

1. 成立课题领导小组，确立实验教师

自 2014 年 11 月本课题被确立县级研究课题以后，我们学校的领导就高度重视，从学校教师中精选教学骨干力量，成立了以校长为组长，分管教学的官水生副校长为副组长，教导主任、教研室主任、各年段备课组组长为实验教师的课题实验研究小组。接着，课题组成员就搜集相关理论资料，共同商议拟定了课题的实验方案、课题阶段研究计划、课题研究内容、预期达到的目标以及研究方法，并做好开题准备。

2. 召开课题组成员会议，明确分工

自本课题被立项以来，2014 年 11 月召开了课题组第一次会议，学习本课题实施方案，明确课题研究背景、研究意义、研究内容以及研究方法。拟定课题实施方案，明确各课题组成员分工。随后，每月课题组成员召开会议，或学习相关理论，或研讨在研究工作中存在的问题，分享经验、交流困惑等。

3. 根据计划，扎实开展研究工作

(1) 加强学习，转变观念

确立"重学巧教"的高效教学理念，促进教师教学行为的转变。我们认为教师首先必须得具备与现代素质教育宗旨相吻合的教育观、学生观、管理观、质量观、人才观，这样才能更好地实施我们的研究。

(2) 组织研讨

自课题研究起，我们以课题研究为载体，以磨课、研课、上课、评课等为主要活动形式。每月活动一次，每次三节课的时间，集体备课、听课、评课研讨。这样一来，不仅使大家在言语交锋中、思维碰撞中进行课题研究的探索，更在不懈的追求中，使自己逐步成为高品位、科研型教师。

(3) 不断反思，探讨课堂

探究实践中遇到的问题，并确立新的研究重点。学校的反思活动可谓形式多样：一是要求教师坚持撰写每课的"教后反思"，逐步养成勤于思考、注重积累、厚积薄发的良好的研究习惯。二是定期征集"教学案例"。每学期，我们都将教师的教学案例收集评选，并选送参加县、市级的一些比赛。三是鼓励教师撰写教学论文，参加各级汇编。在上述反思活动中，不断增强了教师对新理念的内化水平和对教育教学现象的洞察能力，从而为科研型教师的成长开辟了新途径。

(4) 开展教学比武

(5) 及时总结

我们在课题研究的过程中，根据学校的实际情况，以及课题研究方案的目标要求，把课题研究和日常的教研活动紧密地结合起来，选择不同的方面作为研究的突破口，多形式、多渠道开展课题研究，规范课题研究的过程管理。

（三）课题研究目标达成情况

1. 通过实践和研究，更新了教师教育观念，转变教师角色，把课堂还给学生，教师做好学生学习的引导者，促进教师专业成长。

2. 通过实践和研究，培养了学生学会自主学习、学会合作学习、学会探究学习，提高学生的学习能力。

3. 构建了"重学巧教"的教学结构框架，具体划分为四个阶段、六个步骤。四个阶段分别是：自主学习阶段、交流初学阶段、巧引精学阶段、拓展研学阶段。四个步骤分别是：预习引导，明确目标→自主学习，组内交流→合作探究，突破重点→展示质疑，拓展提升。

（四）课题研究主要成果

在李金禄校长的领导下，经过全校教师的共同努力，课题研究已经取得了一定的研究成果。

1. 课题研究体现了全面性。课题研究采用实验班先行—逐步推广—全面铺开的方式，我校全体教师积极参与研究，人人都承担了课题研究的任务，特别是学校领导带头担任研究和指导任务，增强了广大教师的信心。

2. 实现了教师教育观念的更新。通过多次的课题专题研讨活动，教师们已经转变了教育观念，从思想上积极地要求进步，从行动上也开始大胆地进行尝试研究，"重学巧教"的理念得到落实。

3. 实现了教学方式和学习方式的转变。现在的课堂上，不再是教师的"一言堂"，教师能把学习时间和学习的主动权还给学生，学生正在逐步成为课堂的主人。课堂上，学生基本能自觉、主动地参与学习，并且以小组合作、探究学习的方式积极地进行生生、师生之间的交流互动。学生已经初步形成了自主、合作、探究的学习能力。教师不再是课堂的主角，教师的角色已经逐步转变，成为学生学习兴趣的激发者，成为教学活动的组织者和参与者，成为学习活动的评价者，成为学生心灵的引导者。

4. 实现了课题实验教师教研能力的提升。迄今为止，课题组成员共开展了17次研讨课，包括张丽华老师执教的六年级语文《少年闰土》、张秀珠老师执教的六年级数学《圆柱的认识》、陈宣春老师执教的三年级数学《认识面积》、李丽英老师执教的二年级语文《玲玲的画》、尤志蓉老师执教的二年级语文《欢庆》、黄凤英老师执教的五年级语文《鲸》、罗雪如老师执教的二年级数学《乘法的初步认识》、李琴老师执教的一年级语文《我想去看看》等。这些课各有特色，但教师们都能较好地运用"重学巧教"这一教学模式，突出了学生自主学习、教师巧妙点拨这一特点，给其他老师起到了很好的示范作用。2015年11月24日，李琴老师与福建省送教名师同课异构，我校"重学巧教"这一教学模式再次得到了名师团的认可。在2016年3月至4月学校开展的"重学巧教"课堂大比武活动中，课题组实验教师表现出色，李琴和黄凤英老师获得了一等奖，罗雪如、尤志蓉、邱清娥、张秀珠老师获得了二等奖。

不但课题组成员的教研水平得到了明显提升，其他教师的教研能力也得到了提升。2015年5月14日，学校就"重学巧教"这一教学模式开展了主题教研活动，我校教师与来自建瓯实验小学的教师同台演绎，曾桂招、李晓雁、曾翠彬三位老师执教的课"以生为本，精教巧导"获得了明溪县教育局领导和听课老师的一致好评。

随着"重学巧教"这一课堂教学模式的推进，我校教师在课堂教学方面也获得了可喜的成绩。课题组成员罗雪如、邱清娥两位老师在2015年明溪县小学数学课堂教学比武活动中，分别获得了一等奖和二等奖；罗雪如老师执教的二年级数学《推理》，在2015年三明市小学数学教师课堂教学观摩研讨活动中获得二等奖；林明炬老师执教的《我们来"造环形山"》，在2015年11月5日三明市小学科学教学比武中荣获一等奖；曾翠彬老师的微课《三角形的内角和》，在2015年三明市小学数学微课大赛中获二等奖；林芬老师的微课《立定跳远》，在福建省微课大赛中获一等奖。在2016年明溪县教育局举办的第十二届"三优联评"活动中，黄凤英老师执教的五年级语文《自己的花是让别人看的》获一等奖，张婧老师执教的六年级英语课例获二等奖。曾翠彬老师在2016年3月明溪县教师进修学校举办的数学课堂教学比武中获一等奖，并获三明市二等奖。

5. 教师的理论水平有了一定的提高。课题组成员除了每学期完成一篇课题研究阶段性小结外，还能编写一篇突现课题研究的教案案例、教学随笔、论文。其中，李琴老师撰写的论文《有效合作演绎精彩课堂》在 CN 刊物《福建基础教育研究》上发表，张秀珠老师撰写的论文《张弛有度，收放自如——浅谈小学数学开放性教学度的把握》在 CN 刊物《数学学习与研究》上发表，罗雪如老师撰写的论文《如何提高学生探究性学习的有效性》在福建省教育学会小学数学教育分会课题研讨会论文评选中获二等奖，官水生、黄凤英、张丽华等几位老师撰写的论文参加明溪县教师进修学校论文汇编。

6. 教学质量稳步提高。"重学巧教"这一课题的实施，既减轻了学生的负担，又提高了课堂效率，使我校的教学质量大大提高。在 2015 年 6 月的小学语文毕业班质检中，我校各科成绩名列前茅。

（五）实用价值

"重学巧教"这一课堂教学模式符合新课改的理念，具有很高的实用价值。具体而言，体现在以下三个方面。

1. 变"填鸭式"教学为"引导式"教学

传统的教学过程中，教师通常采用"填鸭式"的方式进行教学，没有充分了解学生的接受能力和学习状态。一堂课下来，通常是教师在台上拼命讲、学生在台下拼命记，整体的课堂效果并不好。"重学巧教"的教学模式中，强调的是教师的引导作用，促使学生自主学习。教师要树立全新的教学理念，引导学生进行探究性学习，充分开发学生的学习潜能，把学习的权利真正还给学生。

2. 变以"教师为主体"的课堂为以"学生为主体"的课堂

在传统的教学模式中，教师往往把自己作为课堂教学的主体，而把学生作为知识传授的客体，或者说是接受对象，没有真正认识到这种角色的错位。在以教师为主体的课堂上，学生的学习通常是被动的，而且教师没有给学生留出充足的时间进行发问和质疑，疑难问题得不到及时的解决，久而久之，学生的学习热情和积极性就受到影响。现代教学理念注重学生自我学习能力的培养，鼓励培养学生质疑和进行发问的能力。因此，教师要尊重学生的主体地位，引导学生进行课前预学；课堂上，预留出 15－20 分钟的时间由学生进行提问，相互之间进行讨论，争取学生自己进行疑难问题的解决，对于学生们质疑较多的知识点，教师再给予综合性的指导，这样就增强了教学的目的性，能够提高教学效果。

3. 变"单一的教学模式"为"多样化的教学模式"

在教学过程中，要进行教学模式的改革，把传统的单一教学模式转变为多样化的教学模式。首先，教师要做好角色定位，把自己定位成一个引导者。对易于接受的公式、概念等，为了节约学生时间，教师要做好引导，避免学生耗时费力地探究。例如，对于约定俗成的概念、规律，让学生自行探索效果不一定好，这时教师只要适当引导就可解决。其次，给学生提供充足的时间进行实践操作。因为小学生的思维很大程度上依赖于间接经验或直观感受，利用简单的实践操作能够帮助学生理解较为抽象的知识。学生通过体验，对自己的行为进行分步，从而更加清晰地掌握知识之间的关系以及运算步骤。再次，鼓励学生进行自主探究。学习是对外界知识的内化过程，因此发挥学生的探究式学习欲望是很重要的；同时，在探究过程中进行合作式学习，也能够提高学习效果，并且有利于培养学生的合作意识。

（六）课题研究尚存的主要问题

在课题组成员的共同努力下，课题研究已取得明显的成效，不过还存在一些问题有待解决。

1. 由于教师的素质差异，有些教师课堂机智不够，在课堂教学中还存在重教轻学的现象，总放不开，整节课自己讲得多，学生实践得少，参与度不够。例如，教师所提的问题太过繁杂，没有质量，一节课就是采用一问一答的形式，一节课提的问题几十个不在话下。而且，有的问题其实很简单，可以说用不着问。老师的问题多了，学生的思考时间自然就少了。还有就是：老师提了问题，但没有给学生读书思考的时间，或者时间很短。问题出来，特别是比较难的问题，一两分钟就急于让学生回答，学生回答不出，教师就干脆替学生解答，这样学生就没有自主学习的时间了。要提升这一类教师的教学素质，还需要较长时间。

2. 个别教师在开展研究的过程中，过于注重形式，设计教学活动很多是无效或低效的，整节课看起来热闹，其实学生缺乏有价值的思考，收获甚浅。教师在课堂中如何精教巧导，如何进一步培养学生特别是中下生的自学能力，还是一个长期的研究内容。

3. 本课题研究成果主要通过课题总结报告、教学研究论文等形式呈现，而如何使"重学巧教"的教育思想真正落实到日常具体教学过程中，还是一个研究的难点课题。

（七）后续研究思路

1. 充实和完善我校确立的"重学巧教"课堂教学模式，将这一教学模式细化，探索出适合各学科的教学模式。

2. 将已取得的研究成果进行推广，促进研究深化。

结题论证会议程表：

时间		内容	项目承担者	活动地点	主持人
6月8日	上午	8:30—9:10	教学研讨课 六年级数学《单式折线统计图》	李晓雁	录播室	曾翠彬
		9:30—10:10	教学研讨课 三年级作文《假如我会变》	李婉莹		
		10:20—11:30	各课题组 互动研讨交流	与会教师		
			结题报告	各课题负责人		
			实验教师代表讲话	尤志蓉		
			领导讲话			

二、"重学巧教"课堂教学课题结题研讨活动

1. 简讯摘要

6月8日,明溪县第二实验小学举行2014年市、县立项课题结题研训活动。参加本次活动的有我校校长李金禄、副校长官水生、副书记李琴以及课题组的所有成员和相关科目的教师。

李金禄校长作结题报告

本次结题的课题,有市级课题"小学数学课堂教学中有效性提问的研究"、县级课题"'重学巧教'课堂教学模式研究"和"小学语文'评改互动,以改促写'作文教学的研究"。本次活动分为五项议程。第一项议程是教学研讨课观摩,为李晓雁执教的六年级数学《单式折线统计图》和李婉莹执教的三年级作文《假如我会变》。第二项议程是各课题组成员分组进行互动交流。第三项议程是三个课题组负责人李金禄校长、曾翠彬、曾桂招分别作结题报告。第四项议程是尤志蓉老师代表课题实验教师作"实验教师感言"。第五项议程是李金禄校长讲话。李金禄校长充分肯定了课题取得的成果。他说,在扎实研究的基础上,教师的教研水平和专业成长得到提升。他希望课题组成员加强课题研究的实效性,做到"结题不结研",在现有的基础上,进一步提炼完善,把课题研究延续下去。

本次课题结题活动,既是总结回顾两年来课题实验的历程与经验分享的一次会议,更是一次大检阅,同时又是促进学校发展、促进教师专业成长的一次契机,提升了教师的课堂教学设计能力,促进了教师的专业成长,有力地推动了学校的教学研究工作更上一台阶。

2. 优秀案例

《单式折线统计图》教学设计

明溪县第二实验小学　李晓雁

【教学目标】

1. 学生通过观察与对比，认识折线统计图区别于条形统计图的特征，体会折线统计图在表示数据变化趋势方面的作用，并从中获得价值体验。

2. 学生结合实例，能够读懂单式折线统计图所反映的数据信息及变化规律，并对图中所反映的现象作出简单分析，能进行初步的判断和预测。

3. 学生能够根据提供的资料，在网格图中有条理地初步绘制单式折线统计图。

【教学重难点】

1. 教学重点：认识折线统计图及其特点；能读懂折线统计图的含义，并进行预测、推断。

2. 教学难点：能读懂折线统计图表达的含义，并能够根据折线统计图进行预测和推断。

【教学过程】

课前谈话：同学们，你们知道我们学校最有名的品牌活动是什么吗（科技）你们知道我们学校的科技活动项目有哪些吗？

（一）创设情境、导入新课

（二）合作交流，探究新知

1. 探究折线统计图的画法

（1）这是我们收集到的从 2006 年到 2012 年参赛队伍的数据。我们已经将这些数据进行了初步的整理，并制成了统计表。为了更好地进行分析，我们还可以将这些数据怎样做？（预设：制作成统计图）

（2）出示条形统计图，并说说根据这个条形统计图能发现哪些信息。

名称、横轴、纵轴、每一年参赛队伍的多少。

小结：条形统计图可以清楚地看出数量的多少。

（3）师：你能把2006年到2012年人数是怎样变化的，用手势比划出来吗？如果把我们比划的这条线放在一个具体的表格中，将会变成一种比条形统计图更加"强大"的统计图，你们想不想认识一下？请看屏幕。（出示折线统计图）

（4）师揭题：这种统计图叫作折线统计图。今天，我们就一起来学习折线统计图的有关知识。

2. 探究折线统计图的特点

（1）师：一眼看去，折线统计图和刚才的条形统计图哪里不一样？那它们相同的部分都有什么？

（2）学生拿出学习单，思考：

①哪一年参赛的队伍最多？哪一年参赛的队伍最少？

②参赛的队伍，上升得最快的是哪一年到哪一年？下降得最快的呢？

（3）交流汇报：

①哪一年参赛的队伍最多？哪一年参赛的队伍最少？你是怎么知道的？那图中其他的点又分别表示什么意思呢？

师小结：看来，我们在折线统计图中也能看出每年参赛队伍的数量，这点与条形统计图一样。（板书：看出数量的多少）

②师：上升线和下降线有什么不同？上升线代表数据在增加，下降线代表数据在减少。看来，折线统计图不仅能够看出数量的多少，而且还能清楚地表示出数量增减变化的情况（板书）。上升的线段还有几条？这条线段和它们比有什么不同？这条线段最长、倾斜角度最大，所以2008年参赛队伍的数量变化最大。

观察其余几条线段的长度和倾斜角度，哪一年参赛队伍的数量变化最小？（2011年）为什么？

（4）小结折线统计图的特点。

师：现在我们来比较一下折线统计图和条形统计图，折线统计图有什么特点？

师：折线统计图不仅可以像条形统计图那样直观表示出数量的多少，而且，我们只需看每条线段的长度和倾斜角度，就能知道数量增减变化的情况。这就是折线统计图比条形统计图更妙的地方。

（课件出示）

3. 绘制折线统计图

(1) 预测数量变化情况

(2) 绘制折线统计图

(3) 看到折线统计图中这样的发展趋势，你有什么感想？

（三）巩固运用，实践创新

1. 师：你还在哪里看到过这样的统计图？其实，折线统计图在教育、股市、医学、气象、销售等等很多方面都起着很大的作用。下面，就让我们走进生活，去看看生活中的折线统计图。（出示生活中的折线统计图）

2. 完成书本第 105 页做一做。

3. 制作自己身高情况统计图。

师：你上小学后的身高是怎样变化的？把收集到的自己从一年级开始每年体检的身高数据制作成折线统计图。从一年级到五年级，你一共长高了多少厘米？从哪个年级到哪个年级，你的身高增长最快？你对自己的身高增长情况满意吗？

4. 红旗小学一至五年级近视学生人数统计图

(1) 这是（　　　　）统计图。在这个统计图中，（　　　）年级的近视人数最少，（　　）年级的近视人数最多。

(2) 三年级和四年级的近视人数相差（　　　）人。

(3) 通过上面的折线统计图，你发现学生近视人数的发展趋势是怎么样的？你有什么感受？

（四）全课总结：这节课你有什么收获？

出示五（1）班这节课整体表现情况统计图，看看老师对大家的评价。

【板书设计】

单式折线统计图

标题　横轴　纵轴

特点：折线统计图不仅能够看出数量的多少，还能清楚地表示出数量增减变化的情况。

步骤：描点　连线

【教学反思】

折线统计图是在学生认识了条形统计图之后进行教学的，但是折线统计图和条形统计图有着明显的区别。而且，两种统计图在生活中也有着不同的用处。虽然从两种统计图中，人们都可以清楚地看出所需要的信息；但条形统计图侧重于几个具体数量的多少和比较，而折线统计图则能直观地看出某一事物在一段时间里的发展变化，展示的是事物发展的趋势。

我在教学本节课时，注重了以下几方面。

（一）从生活中引出折线统计图

数学依赖于生活，并从生活中抽象和升华。让学生学习大众的数学，学习生活的数学，这是新课程理念下的数学观。依据学生的实际情况设计教学过程，这是我的第一想法。所以，我从学校科技机器人大赛情况入手引出全国青少年机器人大赛参赛队伍数量情况统计表，他们会更乐于接受。这些数据既可以用条形统计图呈现，也可以绘制成折线统计图，这是非常好的素材。所以，在电脑绘制出条形统计图之后，把学生的思维和想象引导到了另外的世界，"用一种更简单、更清晰的方法"使学生打开思路、展开联想，激发了学生进一步探讨折线统计图的欲望。接着，让学生观察折线统计图，并从图中得到信息，提出问题、解决问题，培养学生解决问题的能力。

（二）在对比中体会折线统计图

从条形统计图转变到折线统计图，让学生对条形统计图和折线统计图进行一个初步的对比，体会到了条形统计图和折线统计图的相同点和不同点，为学生正确读取折线统计图上的信息奠定了基础。同时，也明确了折线统计图是用点来表示数量的多少，用折线来反映数量的增减变化。

第五节 "重学巧教"课堂教学课题研究案例及教师论文

一、研讨案例

《地震中的父与子》教学设计（第一课时）

明溪县第二实验小学　黄凤英

【教学目标】

1. 认识8个生字，会写11个生字。正确读写"昔日、废墟、疾步、绝望、瓦砾、开辟、破烂不堪"等词语，在练习说话中加深理解。积累文中关于人物外貌、语言描写的佳句。

2. 有感情地朗读课文，运用之前学过的方法把握叙事性文章的主要内容。

3. 通过对比映衬、融情想象、感情朗读等方法，咀嚼和体悟课文中的重点词句，感受父亲对儿子的爱。

4. 领悟作者抓住人物外貌、语言、动作进行描写，反映人物思想品质的表达方法。

【教学重难点】

1. 引导学生通过对比映衬、融情想象、感情朗读等方法，咀嚼和体悟课文中的重点词句，感受父爱的伟大力量。

2. 感受父亲在极其危险的时刻不顾一切地要找遇难的孩子的这种无私的精神和伟大的父爱。

【教学过程】

(一) 录像导入新课

1. 播放电影《大地震》的一段视频,让学生了解地震的可怕性及严重性。

2. 导入:在美国洛杉矶也发生了一场地震,在这场地震中发生了一个感人的故事。这节课,让我们走进这个故事,感受这个故事给我们带来的震撼。我们一起学习课文《地震中的父与子》。

【设计意图:通过观看录像,让学生感知地震,从而切入主题,激发学生学习的积极性。】

(二) 检查预学,了解学情,感知文章大意

1. 提问:这是一场怎样的地震?(大地震)你从哪里看出来的?("三十万人在不到四分钟的时间里受到了不同程度的伤害。""昔日充满孩子们欢声笑语的漂亮的三层教学楼,已变成一片废墟。")指导朗读。

2. 课件出示洛杉矶地震后的图片,教师解说,出示生字新词:颤抖、混乱、昔日、废墟、爆炸、瓦砾指导读正确。

3. 师:在这样一场大地震中,父亲和儿子之间发生了怎样的一件事?

4. 学生概括主要内容。(师引导学生将时间、地点、事情的起因和结果串联起来说清楚)

过渡:在这样一场大地震中,父亲和儿子却创造了生命的奇迹。请快速浏览课文,看看课文告诉我们这是一对怎样的父与子。(板书:了不起的父与子)

【设计意图:通过两个问题,了解学生的预习情况,检查学生对课文的熟悉程度,把握文章主要内容。】

(三) 合作探究、突破重点

1. 师:是啊,这是一对了不起的父与子!那这节课,就让我们先走进这位了不起的父亲。请大家默读课文3—12自然段。这部分课文当中有很多有关这位父亲的描写,请你仔细地读一读,看看有什么地方、有哪些语句让你感受到这是一位了不起的父亲,可以画下来,也可以作批注。

2. 学生默读课文3—12自然段。

3. 交流：你从哪里读出了这是一位了不起的父亲？

预设："他挖了8小时、12小时、24小时、36小时，没人再来阻挡他。他满脸灰尘，双眼布满血丝，衣服破烂不堪，到处都是血迹。"

（1）这个句子让你感动吗？说说你的体会。

（2）师：父亲已经挖了36个小时，作者为什么不直接写，而要罗列时间呢？请与同桌一起讨论。

（3）交流。（突出父亲挖掘所用时间长，历经艰辛。）

（4）根据自己的体会，把这个句子罗列的时间读好。学生读，说体会。

课件出示：他挖了8小时、12小时、24小时、36小时，没人再来阻挡他。（数字逐渐变大）师范读。

师导：36个小时啊！一天只有24个小时，36个小时就是……

常人会在这36个小时里做什么呢？

然而这位父亲却在……

整整两天一夜啊！这位父亲不吃不喝、不休不眠，不停地挖，这是何等的坚韧啊！

（四）探询父亲坚持挖掘的原因

1. 师过渡："没人再来阻挡他"，这个"再"字说明了什么？（曾经有人来阻挡过）都有哪些人来阻挡过呢？

2. 师：有许多好心人劝说了他，有消防队长劝说了他，还有警察。父亲的回答是这样的三句话："谁愿意来帮助我？""你是不是来帮助我？""你是不是来帮助我？"你们读一读，有什么发现？

3. 指名说。（父亲的问话都是同一个意思，后面两句话都是一样的。同样的意思，但是父亲的心情是不一样的。）

4. 说说父亲的心情是怎样的？（第一次问话是乞求语气，此时父亲的心情很低落，因为好心人的劝说让父亲觉得希望渺茫。第二次，消防队长的到来给了父亲希望，但是消防队长的劝说，让父亲刚燃起的希望又浇灭了。第三次,警察的劝说及警察的不愿意帮忙,令父亲很难过很绝望。)

5. 假设:此时的你是阿曼达的父亲,我想问你,你为什么不离开?这么多人的劝说,你为什么不离开?多媒体出示句子:(父亲曾给儿子承诺"不论发生什么,我总会跟你在一起"),激情诵读父亲的这句承诺。

6. 师小结过渡:从父亲这三句简单重复的问话中,我们读懂了他的感情、他的焦急,甚至有点崩溃。而这一切,让我们真切地感受到这是一位——了不起的父亲。36个小时过去了,我们再来看看这位父亲变成什么样了?

课件出示:他满脸灰尘,双眼布满血丝,衣服破烂不堪,到处都是血迹。

7. 交流感受,想象是什么原因让父亲变成这样的。

8. 师:这哪里是普普通通的一段话,而是饱含深深的父爱的一首诗啊!谁愿意有感情地读一读呢?

9. 师:是什么支撑着父亲苦苦地挖掘?(承诺、父爱)板书:爱。从父亲苦苦坚持的挖掘,我们又一次感叹这是一位了不起的父亲。让我们将这位了不起的父亲形象永远定格在我们的心中吧!学生有感情地背诵这一段文字。

【设计意图:在这个环节的教学中,我以学生为主体,以疑问促阅读,整个阅读教学的过程就是一个质疑解疑的过程。同时,通过联系上下文解决疑难,各种不同形式的读,对父亲的了不起有了更深的体会,不但一个直面困难、永不言弃的父亲形象走进了学生的心灵,而且在这一过程中,学生积累语言、内化语言,并灵活地运用了语言。】

(五)指导写法

1. 师过渡:是啊!正是这种至死不渝的信念,支撑着父亲在废墟上苦苦挖掘30多个小时,让我们看到了一位了不起的父亲形象!那同学们,大家想一想,作者是抓住了父亲的哪些描写,来让我们看到了他的"了不起"的?

教师根据学生的回答板书:语言、动作、外貌

师小结:大家说得非常好!作者就是抓住了这一系列的细节描写,让我们看到了一位在废墟上信守诺言拼死救子的父亲形象,更被他了不起的行为

所震撼、所感动。同学们，此时我想起了2008年5月12日汶川地震时那一幅幅感人的画面，一幅幅充满父爱母爱的画面。（一边出示图片一边解说）

2. 小练笔：请你拿起手中的笔，写下此刻你心中的感受吧！

3. 交流，感受父母之爱的伟大。

【设计意图：这样做的目的是拓展学生的思维，加强学生的积累，学以致用，练习表达。】

（六）课堂小结

同学们，这节课让我们感受到了如山的父爱。下节课，就让我们一起走进阿曼达，看看这样一位了不起的父亲有个怎样了不起的儿子。

【板书设计】

17. 地震中的父与子

父（爱）　　语言

　　　　　　　　　　动作

　　　　　　　　　　外貌

　　　　了不起

　　　　　　　子

《三位数乘两位数的笔算乘法》教学设计

明溪县第二实验小学　陈宣春

【案例背景】

小学数学教学内容中，80％左右的知识是计算教学或蕴含着计算教学。而传统的小学数学计算教学的目标只注重让学生牢记法则，形成计算技能，支配学生的计算是单调的、机械的、重复的、枯燥的"题海战术"，学生学得无味，教师教得乏味。怎样才能让学生爱上计算课呢？怎样的计算课才能

"促进学生的发展,提高学生的综合素质"呢?我想,计算教学应从传统中走出来,跳出只求认知技能的框框,不只把法则的简单得出、技能的巩固形成作为唯一的目标,而应更关注学生学习过程的经历,让学生参与算理探究,算法多样化、最优化的探索过程,使之自主建构知识网络,让学生在实践探索的过程中实现发展性领域目标,让计算教学也走向研究性学习和创新性学习。

【案例片段】

片段一:口算热身,找准教学起点

1. 21×3　　　21×30　　(这一组算式有联系吗?)

2. 12×4　　　120×4

3. 25×2　　　250×2

4. 132×3(猜一猜下一式?)132×10(那这一组和132×13有联系吗?你发现了什么?同桌小声地说一说。)

片段二:自主探究,建构知识网络

出示主题图:李叔叔从某城市乘火车去北京用了12个小时,火车1个小时约行145千米

1. 师:根据这两条信息,你能提出什么数学问题?算式怎么列?生:145×12

2. 师:估算一下,该城市到北京大约多少千米?你是怎么估的?

3. 师:如果要准确的答案呢?(计算)会吗?不仅要会乘,还要把道理说清楚。有一种方法了,还有第二种、第三种吗?

4. 生独立思考,列式计算。

5. 指名扮演,同桌交流。(要让同桌听得明白,听得心服口服。)

6. 说一说、听一听:你是怎么算的?其他同学要认真倾听,听听他哪里说得好、哪里需要补充。(我建议:你觉得哪个地方他讲得还不够清楚,你就问他那个问题,让他解释。)

7. 比一比：

②、③都是运用运算定律进行计算。

①、②、④有什么一样，有什么不一样？（思路一样，格式、表达方式不一样）

①、④哪一竖式更简便呢？

8. 揭题，小结

【案例启示】

1. 让学生"热"起来：口算热身，为新知搭设"脚手架"。

根据我县全面铺开的"三算"达标，课始我安排了口算（口算是基础训练），全员参与，全面热身。在这，我故意设陷阱：前三组式子都是一个因数扩大10倍的，是为探明学生的学习起点的高低；而第四组出现第1式让学生猜第2式，却是132×10来了个大转弯，让学生掉入；之后，又问132×3、132×10这一组式子和132×13有关系吗？发现了什么，小声地说一说。虽然组织了讨论，但又不让学生言明其意，是为学习新知搭设"脚手架"，为算法多样化做铺垫。

2. 让学生"动"起来：放手让学生自主探究，建构笔算乘法的认知结构。《数学课程标准》指出，数学课程不仅要考虑数学自身的特点，更应遵循学生学习数学的心理规律，强调从学生已有的知识和生活经验出发。根据学生已有的知识经验和认知发展水平，我打破传统的复习两位数乘两位数的教学，而直接放手让学生自主探究、自由思考，探求计算方法，用自己的思维方式积极主动地尝试，不同的学生用不同的想法解决问题，培养学生的迁移类推能力。在预设中，我想学生可能会出现4种算法，再在教学的实际情况中生成性地教，让学生的思考过程显现出来。学生通过创造性的学习，充分感受算法多样化、最优化，明确了列竖式后应先算什么、再算什么，然后怎样算的算理。又回忆学过的哪些笔算知识也是这样算，教师再加以引导四位数、五位数等也都是这样算的，从而建构笔算乘法的认知结构。

3. 让学生"活"起来：解决实际问题，形成计算技能，增强应用意识。练习中设计的是综合应用所学知识解决实际问题的练习，通过解决这些具体问题，使学生再次经历再发现、再创造的过程，加深对乘法意义的理解，形成三位数乘两位数的计算技能，感受所学知识的应用价值，增强应用意识，使学生更加能动、灵活起来，从而提高学生的综合素质。改变以教师讲解和灌输为主的、只为巩固计算而巩固的传统的单一教学方式，实施开放性、探究性的教学，满足学生的不同需求，实现人人都学会有价值的数学。

二、教师论文

语文教学中如何构建"重学巧教"的有效课堂

明溪县第二实验小学　黄凤英

长期以来，人们习惯于把教学理解为以教为中心（教师教多少，学生就学多少；教师怎样教，学生就怎样学），不考虑学生的个性和兴趣爱好，搞包办代替。这种教学关系，使教学由共同体变成了单一体，学生的自主性、独创性不能得到培养和发挥，主体性被压抑。教师越教，学生越不会学，越不爱学。

怎样才能充分激发学生的学习积极性与自学潜能呢？实践证明，让学习者成为学习活动的真正主人，改变了以往外在性、被动性、依赖性的学习状态，把学习变成人的主体性、能动性、独立性不断生成、发展、提升的过程，才会有显著教学成果。

新课程实施以来，在以人为本教育思想和生本教育理念的导向下，在民主、科学、开放的课程平台上，在自主、合作、探究学习的要求下，课堂教学改革进入一个崭新的阶段。我们欣喜地看到，在这个过程中出现、形成和构建了一种体现素质教育精神、切实提高教学质量的新的课堂教学模式、课堂教学方式和课堂教学文化。"重学巧教"是就教学要求和教学效果而言的。

我认为，要做到"重学巧教"，其一是要有针对性。首先，必须对学生的超前学习进行检查。这一方面是为了防止放任自流；另一方面，更重要的是为了确切地了解学生的学习能力和他们对教材的掌握已达到什么样的程度。这既是展示学生自主学习能力和肯定他们自主学习成果的过程，也是一个发现和集中学生存在问题的过程，继续发挥学生的学习能力。

其二是参与性。要使学生参与课堂教学，包括：参与课堂教学的全过程，学生在课堂中的参与不应局限于独立思考和练习阶段，而应体现在教学的各个环节上；全体参与，教师要从不同层次学生的学习基础出发组织学生参与教学活动，使他们在原有学习的基础上通过参与教学都有所发展；学生参与学也参与教，不仅把学的主动权交给学生，而且也把教的主动权交给学生，课堂展开师生互教互学活动。

其三是合作性。小组学习作为课前自主学习与课堂全班教学的中介与纽带，其重要性和优越性是明显的。就学生而言，课前自主学习的成果和遗留的问题能够得到伙伴的充分关注和帮助，不仅有助于促进学习的进步和发展，而且有助于培养合作的能力。就教师而言，因为有小组合作学习做基础，所以比较容易发现小组合作学习的成果与存在的问题，有利于提高教学的针对性；还可以把小组学习作为深化课堂教学的契机，进一步开展组际交流或全班教学，使全班同学共同获益。

其四是使学生学会质疑。质疑，是指学生在学习中不懈的追寻与探究。这是学生学习语文主体地位得到尊重的一个重要标尺，也是学生学习语文是否真正开始的一个重要标志。在语文教学中，当质疑得到重视和保证，学生的个性就会在问题的引导下得到各取所需的发展，从而形成无数个"独自精彩"的个体。"学贵有疑"，在语文教学中，我坚持"质疑优先"的教学原则，学生在学习中一有疑问提出，我会根据学生的疑问去进行教学，不断调整教学思路，满足学生追寻探究的求知欲望。学生有了质疑的自由，学习的热情就会调动起来。我们除了鼓励学生大胆质疑外，还要教学生学会质疑，引导学生难点处求疑、矛盾处求疑、模糊处求疑、困惑处求疑、关键处求疑、易错处求疑等。学生有了质疑的能力，探求的热望就会得到维持。

其五是培养学生主动学习的习惯。主动学习是一个人的良好素质，也是自我发展的需要。语文课堂教学更应积极引导学生参与学习过程，激励学生自主学习，保证学生有充足的活动时间。每个人都希望自己的工作得到他人的承认，又都具有发展的潜能和创造性，但由于习惯、兴趣、能力的不同，有的学生不善于在众人面前说话，有的学生不善于表达自己的观点，也有的学生不愿意被人家指名回答，因此就需要教师认真地观察每一个学生的心理，发现他们的亮点与优点，适时加以肯定和推动，让全体学生都能觉得语文课堂是一片自由的天地。要善于给学生提供课堂参与的机会，创造条件使其发挥自己的才能，让每一个学生都有成就感。言语的自由、思维的自由，保证了学生有自己发现问题、解决问题的时间，从而保证语文课堂教学有自由活泼的空间。

其六是少些理性，多些情趣。过去，语文老师经常训练学生分段、概括段落大意和主要内容、归纳中心思想。这些侧重于理解分析的训练，对于提高小学生的分析、概括、判断、推理、综合等抽象思维能力不是没有好处；但是从本质上看，将大量的时间花在对学生抽象思维要求极高的训练上，不仅不经济，而且是一种拔苗助长的行为。《语文课程标准》不再强调每课必分段、必归纳段意和概括中心思想，不再强调千篇一律地去理清句与句、段与段之间的联系。这有利于教师灵活地根据课文特点和学生实际来确定本课应着重练习的能力，可以避免面面俱到，利于突出重点，体现教学的针对性。那种单向说教的灌输教育，将使学生缺少实践体验的过程；整齐划一的均衡教育，将会剥夺学生的思维、选择和尝试的权利，甚至扼杀学生的个性发展和创造力的发挥。随着新课标的颁布实施，社会生活的更多彩、更多元、更实际，语文教学也势必要更开放，呈现更多元态势。比如学习古诗，为使学生熟读成诵，更好地体会诗文的文化内涵，也就是"真景物，真感情"，可在课堂上虚拟时空：创设一个回家背诵给家长听的富有情趣的学习场景，老师扮演爷爷、奶奶或爸爸、妈妈，向学生发问，让学生跟老师一起完成模拟表演任务。教师可以在学习了《翠鸟》后要求学生给翠鸟填涂颜色，以加深对词语的感受，还可以让学生自由地表达对翠鸟的感情。在这种富有活力的课堂教学里，不仅仅是进行了语言文字的训练，更重要的是紧紧抓住了家庭生活中的言语交际机会，学生在轻松愉快的学习过程中，在笑、思、想的过程中，认知和个性得到和谐发展。这应当会使学生有说不出的喜悦、抹不去的记忆。

学生发挥自学潜能，是让课堂教学焕发生命活力的基础；让课堂教学焕发生命活力，是让学生发挥自学潜能的发展。树立积极乐观的学生观和潜能观，坚持让课堂教学走向深层、走向心灵，这是"重学巧教、自主探究"教改实验研究所持的坚定信念。

第三章
"力行"课堂教学改革

第一节 "力行"课堂教学改革探究

课堂教学应回归课堂的本质和规律,遵循人的生长规律和学生学习认知的规律,按照科学方法进行研究和寻求,形成适合学生成长的、本真的、有生长的、有灵魂的独具学校风格的课堂。我校在"力行教育"思想引领下,推崇"重学巧教、智慧高效"的教学理念,聚焦课堂教学改革发展,积极探寻课堂教学改革的新方法、新路子,提出了"力行"课堂教学主张。

"力行"课堂强调的是:学生通过自身的努力实践去获得知识和能力的课堂,着力构建"我力行"的高效课堂。"力行"课堂必须要实现两大转型:一是由教师传授型课堂向学生学习型课堂转变,体现"学生学习为本"的理念;二是由知识掌握型课堂向学生发展型课堂转变,体现"学生发展为本"的理念。根据以上理念,形成了"力行"课堂教学模式——"三学一引"。"三学",即"自学""互学""研学";"一引",就是老师的巧妙引导。

一、自学、互学是"力行"课堂的主要构成

自学，就是学生带着学习目标、任务，独立学习思考，或读文章，或看例题，或动手操作，让学生通过自己的努力来完成学习任务。互学，就是在课堂上，针对学习内容和学习要求的需要，采取的学生同桌之间、小组之间或全班同学之间的合作学习。

自学、互学体现的是以学生自主学习、合作学习为主的学习方式，落实了学生的主体地位。因此，教师要重视课堂民主平等氛围的营造，要引导学生积极主动地参与学习，养成勤于思考、善于表达、学会合作的学习习惯，要调动起学生的良好情绪，最大限度地激发学生学习的主动精神。

课堂要让每个学生都动起来，培养学生主动地思考，使学生善思、勤思、深思，培养学生观察、分析、探索等解决问题的能力。我认为，学生自学和互学要把握好以下三个关键。

一是自主问答。自主问答，即学生自主、主动地提出问题和回答问题。学生善于主动地提出问题并积极地思考和回答问题，是教师促进学生思维发展、推动学生实现预期目标的重要手段。因此，要鼓励学生善于问答、勤于问答，使自己成为"力行"课堂的主人。

二是自主讨论。就是学生针对某一问题交换意见或进行辩论的活动。自主讨论是指在教师的引导下，学生针对问题进行自由的交流、讨论、辩论，达到解决问题或生成新的问题的活动。讨论，对于培养学生的语言表达能力、辩证思维能力以及合作能力，具有非常积极的作用。

三是自主评判。就是让学生之间进行自我评价和相互评价。自我评价，即以自身作为评价主体而对自我进行的评价，这样可以全面认识自我，发现优点、认识不足、反馈调节；相互评价，是指学生们相互促进的评价，是一种相互学习和相互提高的有效学习过程。通过自主评判的学习活动，可发现同学的优点和不足，达到取长补短、相互激励、共同提高的学习效果。

二、研学是"力行"课堂的精彩构成

研学,就是在师生智慧共同作用下,重学巧引地进入深层次、深入性的研究性、探究性学习。学生或精读文本,或研究问题,或动手操作实践,或共同探讨来解决疑难、突破重难点,从而促进学生思维发展和创新精神的形成。

要进入深层次、深入性的研究性学习,仅以学生为中心的学习方式还不够,还要以学生的学习为核心——因为学习目标的达成,是要靠学生的学习来实现的。只有学生学得深入、学得透彻,才能真正掌握知识、感悟道理、提升能力。只有以学习为核心,才能更好、更有效地学习,收到最佳的学习效果。

一是明确以学习为核心的意义。以学习为核心,不同于以学生为核心。以学生为核心,即以学生为主体,是关注"谁来学"的问题,是针对传统教学中忽视学生主体地位这一情况。以学习为核心,也不同于以学定教。以学定教关注的是"学什么"(学到什么程度),针对的是教学内容选择和难度设置上忽视学生学习起点和已有经验的问题。以学习为核心,关注的是每一个具体的教学内容"怎么学",针对的是当前教学忽视学生学习的认知心理过程的问题。心理学认为,对学习信息材料的加工越深,理解和掌握得就越好。以学习为核心,就是要把具体的学习内容,通过学生的各种科学、有效的学习活动,进入深刻、透彻的学习层面,以达到最佳学习效果和学习目标的目的。

二是构建有效学习活动。学习活动,就是以学习为核心的表现形式,是学生在课堂上做什么、怎么做。学生观察实物、读教材、记忆公式、回答教师提问、相互讨论、发表观点、做练习题、做实验等,都是学习活动。课堂上,学生是学习的主体,教学目标必须通过学习活动来实现,教代替不了学。"学生活动"也代替不了"学习活动",不是学生"动"了就算"学"了——

因为学习不单是我们看得见的"行动",还有我们看不见的"心动",即心理活动。学习本质上是心理活动的过程,只有按照规律来设计学生的学习活动,才是有效的学习过程,才能达到更好的学习效果。因此,活动设计要注重直观感觉,让学生亲手操作、亲身体验,经历概念的形成、知识的发现等学习过程。简而言之,教学设计不能停留在转变学习方式层面上,而要深入到学习活动设计层面,才能真正起到指导学生学习的作用。

如操作感知学习活动的设计:操作感知学习活动,是指学习时让学生通过动手操作活动来感知事物、形成概念、获得认知。如二年级数学课《分物游戏》,教学重点是学习"平均分"的概念和策略。"平均分"是一个抽象的概念,看不见、摸不着,如何让小学生感知、理解?动手操作无疑是最有效的学习方式。通过对学具的分一分、摆一摆的操作,通过不同分法的自由尝试和对分成的份数、每份的数量的观察比较,学生感知到"总数""份数""每份的数量"之间的辩证关系,以及分的方式与结果之间的联系,形成"平均分"的概念和策略。这个动手操作的过程,以及由此引发的感知、思维活动过程,是语言表述所无法取代的。再如三年级科学课《空气能占据空间吗》,学生也是通过动手实验,感知空气占据空间和能流动的性质。

还可以设计事例感知学习活动、体验感悟学习活动、能力训练学习活动来进行深入、深层的学习,以达到最佳学习效果的目的。

三是关注课堂的"生成"。课堂教学是一个动态变化活动的过程,课前再精心的"预设"也预知不了实际教学中可能出现的情况。在实际的课堂教学中,随时都会发生一些意想不到的情况。这些意想不到的情况就是课堂的"生成",作为老师要有心理准备,要机智灵活应对,而不能按部就班课前的教案。有经验的教师反而是巧妙利用意外的"生成",恰当地抓住"生成"的时机和资源,机智地调整教学设计,能够更大程度地提高教学的有效性,促进学生思维的生长。课堂的"生成"往往会给我们课堂的教学带来预料之外的精彩!因此,对学生积极的、价值高的"生成"要大加鼓励、利用,让课堂因"生成"而精彩。

三、"一引"是"力行"课堂的关键构成

"一引",即教师的引发、引导,通过对学生在自学和互学过程中产生的疑难问题进行精当、巧妙的引导,对错误的进行更正,对学生理解较为肤浅的地方加以深化。我们在强调以学生为中心的同时,不能忽视教师在课堂教学中的主导作用。教师在课堂教学中运用巧妙的策略,深入浅出,引导学生步步深入地探索新知,以完成学习目标。这里所说的"引",即引发和引导,就是要引发学生的探究兴趣,使之积极主动地参与学习探究活动;有效引导学生进行深层、深入地触及灵魂深处的研究性学习,促进高效学习目的的达成和学生思维的发展。

首先,通过引导,让学生自己生成新知。古希腊教育家苏格拉底把"引导"的作用比喻为"产婆"的作用:"我不是授人以知识,而是使知识自己产生的产婆。"采用"产婆术"教学,不直接把结论教给学生,而是引导学生自己得出结论,这便是"引导"的最好的诠释。其次,通过开导点拨,开拓学生思维。当学生遇到疑难问题而卡壳,思维发展存在一定障碍时,教师要及时地梳理学生的思路,画龙点睛地进行点拨,搬掉学生思维发展中的绊脚石,使学生的思路清晰明了,便能收到化难为易、使学生茅塞顿开的效果。再次,通过指点引导,使学生掌握学习的方法。教育的真正含义,是教师要指导并教会学生学习的方法,要把打开知识宝库的钥匙交给学生,即所谓"授人以鱼,不如授人以渔"。总之,"善教者,善导"。

教师巧妙的引导,如同拨云见日,如同春风化雨般地给学生带来帮助和鼓励。教师要不断地改进教学活动,提高教育教学艺术,做到引导时引而不发、含而不露、指而不明,增强学生的情感体验,使教学过程充满情趣与活力,更好地促进学生的自主发展。

第二节 "力行"课堂教学课题开题活动

一、"力行"课堂教学课题开题报告

(一)"力行"课堂教学模式的研究申报表

课题负责人	姓名	李金禄	性别	男	民族	汉	出生年月	1964.10
	行政职务	校长	专业技术职务		高级教师		研究专长	教育管理
	最后学历	本科	工作单位		明溪县第二实验小学			

课题组成员（不超过12人，注意顺序）	主要成员	姓名	出生年月	工作单位	专业技术职务	研究专长
		肖勇明	1978.10	明溪县第二实验小学	一级教师	小学语文教学研究
		王凤莲	1979.12	明溪县第二实验小学	一级教师	小学语文教学研究
		官水生	1971.07	明溪县第二实验小学	高级教师	小学数学教学研究
		叶芳	1972.08	明溪县第二实验小学	一级教师	小学语文教学研究
		黄凤英	1980.08	明溪县第二实验小学	一级教师	小学语文教学研究
		曾翠彬	1972.12	明溪县第二实验小学	一级教师	小学数学教学研究
		罗雪如	1978.09	明溪县第二实验小学	一级教师	小学数学教学研究
		林珠丹	1979.03	明溪县第二实验小学	一级教师	小学语文教学研究
		卢萍	1984.11	明溪县第二实验小学	一级教师	小学英语教学研究
		林芬	1981.09	明溪县第二实验小学	一级教师	小学体育教学研究
		曾桂招	1970.11	明溪县第二实验小学	一级教师	小学语文教学研究

续表

核心成员已有的主要研究成果	李金禄：自1992年以来，多次提出并承担省、市、县、校的课题研究。其中，市级重点课题"多元交叉式作文教学"被三明市鉴定为优秀课题；市级重点课题"小学语文课堂动态生成式教学"，被三明市教育局评为市级重点优秀课题一等奖；"在数学课堂教学中有效倾听的研究""颂歌中华经典 丰厚书香内涵""'重学巧教、自主探究'教学模式的研究"等课题，先后被评为市、县级优秀课题。2017年10月开始负责市级课题"基于办学理念引领的校园文化建设"的研究。 多年来积极撰写论文，成果颇丰。《如何引导学生主动参与学习》《创新师德观念，促进课改发展》《用先进的文化引领学校发展》等12篇论文在CN刊物上发表。
	肖勇明：先后承担市级课题"小学语文课堂动态生成式教学"，县级课题"主题意识结构""语文阅读教学中有效落实语言文字运用训练的研究"等课题的研究。论文《刍议口语交际》《语文教学生活化》收入县级汇编，《语文课堂的有效引导》收入省级汇编。
	王凤莲：先后承担县级课题"颂歌中华经典 丰厚书香内涵""小学语文'互动评改，以改促写'作文课题""小学语文课内外阅读资源优化整合的实践研究"等课题的研究。2016年4月，参加学校"联通杯""重学巧教"课堂教学比武荣获二等奖。业余时间积极撰写论文，论文《低年级识字教学方法初探》于2013年12月收入福建省第三届基础教育优秀论文汇编（七），《诵读经典诗文教学模式探究》于2014年9月发表在CN刊物《小学时代》上，《阅读——点燃学生生命的火种》于2015年12月发表在福建省中小学读书经验交流会暨书香校园创建论坛《会议文集》上。
	官水生：先后参加省级重点课题"问题解决"的子课题"问题探究"学习方式的研究；参与市级课题"提高课堂教学有效性的研究"，主持完成"在数学课堂教学中有效倾听的研究"和"小学数学练习有效性的研究"2个市级课题研究工作。有12篇教育教学论文列入省、市、县级汇编，2篇论文分别在《教育界》《西部素质教育》CN刊物上发表。

续表

核心成员已有的主要研究成果	叶芳：先后承担省级课题"多元式交叉作文的教学研究"、市级课题"基于教学理念引领的校园文化建设的研究"、县级课题"小学低年级有效识字的研究"等课题的研究。课题"多元式交叉作文的教学研究"被评为市级优秀课题一等奖。同时，积极参加学校的"'重学巧教'课堂教学模式的研究"等课题的研究。多篇论文收入市级汇编，论文《如何在朗读中培养语感》在 CN22－1048/G4 上发表，论文《想说、乐说、愿写》在 CN22－1391/G0 上发表。
	黄凤英："地震中的父与子"在明溪县优秀课例评比中获一等奖。今年，参加省级课题"优化小学语文作业设计的研究"，撰写论文《优化作业设计，让学生愉快作业》在县级汇编。
	曾翠彬：近 10 年来，主持或参与 1 个省级课题、6 个市级课题和 1 个县级课题研究。2008 年，承担了福建省重点课题"问题解决"的子课题"问题探究"学习方式的研究，其科研成果获市一等奖，本人被评为"市级课题优秀实验教师"。2008～2010 年，主持负责三明市重点课题"提高数学课堂教学的有效性"的实验。2014～2016 年，主持负责三明市重点课题"数学课堂教学中有效性提问的研究"。撰写《从想问乐问到会问善问》《在自主中激发创新》等 12 篇论文在 CN 刊物上发表。
	罗雪如：中小学一级教师，长期从事小学低年级数学教学，课堂教学生动活泼。曾多次担任县级教学观摩研讨课的任务。她在前几个课题的研究中积累了丰富的经验，论文《优化数学课堂练习，提高课堂效率》列入省级汇编，论文《如何培养学生的倾听能力》获省级二等奖，论文《优化数学课堂练习，提高课堂效率》列入省级汇编。
	曾桂招：先后参加了三明市"多元交叉式作文教学""小学语文课堂动态生成式教学""新课程与学习方式的研究"等课题的研究。2016 年，主持完成了县级课题"评改互动，以改促写"课题工作的研究。所撰论文《小练笔，学生的良师益友》于 2010 年 12 月发表在《福建基础教育研究》上。2017 年 3 月，再次在《教育教学论坛》发表论文《小学生习作评改入门引导浅谈》。多篇论文均在福建省语文教学随笔、论文大赛中获奖。

续表

核心成员已有的主要研究成果	林珠丹：多年从事语文教学工作，参加过市级课题"学会欣赏与修改——有利于学生发展的习作评改"，主持过市级课题"开放式阅读教学研究"。近年来撰写的论文有《重视习作讲评，提高习作质量》等，在县级汇编。
	卢萍：先后参加了省级课题"小学英语课堂游戏教学研究"和"小学英语课堂游戏的探究与实践"，县级课题"小学英语任务型教学探究与实践"。论文《优化合作学习策略，提高小学英语课堂教学的有效性》于2013年6月发表在明溪县小学教师论文汇编。
	林芬：近五年来参加两个县级课题，其中主持负责县级课题"小学阶段对学生足球兴趣培养的研究"课题研究。撰写《对实心球教学的探讨》《浅析小学体育与健康课的教学》《浅谈合作学习在体育教学中的运用》，列入明溪县小学教师论文汇编。

（二）"力行"课堂教学模式的研究开题报告

1. 开题活动简况

开题时间：2018年9月26日

开题地点：明溪县第二实验小学录播室、学术交流中心

主持人：曾翠彬

评议专家：明溪县教师进修学校副校长曾才英，教研员黄妹英、林金香

参加人员：校长李金禄，副校长官水生、卢琳，各课题组成员以及全体教师

活动简况：第一项议程是听教学研讨课，分别是由肖美玲老师执教二年级语文《妈妈睡了》、张秀珠老师执教四年级数学《线段直线射线》、张桂香老师执教五年级数学《植树问题》、孙洁老师执教三年级美术《一张奇特的脸》。第二项议程由明溪县教师进修学校副校长曾才英宣读课题立项通知书。本次立项的课题有市级课题"'力行'课堂教学模式的研究""用'力行'教育思想引领学生成长的研究""小学数学运用画图策略解决问题的研究""利

用数学课堂错误资源提高学生数学素养实践研究"和县级课题"核心素养观下学生自主探究学习能力培养的实践研究""用好例文力行儿童读写的实践研究"。第三项议程由课题组负责人李金禄、卢琳、罗雪如、李菊莲、叶懿行、李丽英分别陈述开题报告。特别是李金禄校长，他从"'力行'课堂教学模式的研究"课题研究的背景、内容、意义、分工以及预期目标等，向全校教师进行了深入浅出的阐述。第四项议程由肖勇明老师代表课题实验教师作出承诺。第五项议程是明溪县教师进修学校黄妹英老师、林金香老师对课题进行论证。他们一致认为我校6个课题时代性强、价值高、可行性强，希望我们多学习、多摸索，做好学生的组织者、引导者。最后，李金禄校长对本次四个市级课题、两个县级课题的立项和开题表示祝贺，并提出了希望。他说，教育是国之大计、党之大计，中国梦的实现靠教育，希望教师们踏踏实实地做好课题研究，提升教研水平和专业能力，争当新时代"四有好老师"。

（一）课题的研究背景及意义

1. 当今社会孩子成长的需要

现代社会的家庭结构较为特殊，以独生子女居多，许多孩子在家过着衣来伸手、饭来张口的生活，自己的事被父母包办代替。他们缺失的是动手实践、主动获取，迁移到学习上表现为被动、不主动。而现在的学习，要求学生要通过自己去努力、去实践，用自己的行动去获取知识、形成良好的品德。传统课堂采用填鸭式教学，依赖老师的灌输，重教法、轻学法，重灌输、轻探究，"力行"意识不强，能力不够。这样的学习是机械的、低水平的。"纸上得来终觉浅，须知此事要躬行。"学生的学习过程应该要联系实际，或努力，或实践，或体验，才能发现、分析、解决问题，孩子才能健康、快乐地成长，学会学习。因此，"力行"课堂教学模式的研究迫在眉睫。

2. 课改的需要

新课标指出："积极倡导自主、合作、探究的学习方式。"学生是学习和发展的主体，应该通过自己的身体力行、实践体验去获取知识、获得感悟。

因此,"力行"课堂教学模式的提出是课改的需要。

3. 素质教育的需要

素质教育要面向全体学生,促进学生的全面发展,培养学生的自主学习能力和兴趣特长。如果学生没有亲身的实践体验,兴趣就不能形成,甚至会被抹杀。因此,"力行"课堂教学模式的研究显得尤为必要。

4. 培养创新人才的需要

从未来教育发展和社会发展的需要来看,必须高度重视创新人才的培养。青少年时期是创新意识、创新精神、创新思维、创造力、创新人格等创新素质培养的最佳时期。因此,要培养创新人才,首先需要创新教育,勇于突破传统教育的束缚,让学生自己思考、动脑,才会有创新意识。"力行"课堂教学模式的提出,为培养创新人才打下了坚实的基础。

5. 孔子、杜威、陶行知教育思想理念的延伸

杜威开创了现代教育理论,形成了"教育即生活""学校即社会"的教育理论,首次提出"学生中心论"和"做中学"教学论。陶行知发展了杜威的现代教育理论,开创了中国现代教育理论,形成"生活即教育""社会即学校"的生活教育理论,提出"教学做合一"教学理论。当代教育家魏书生、李镇西等教育改革的理论者们,大胆探索研究和积极尝试总结,形成了当代的科学教育理论。

综上所述,"力行"课堂教学模式的提出,是孔子、杜威、陶行知教育思想理念的延伸,是符合现代社会的要求,是课改的需要,也是培养创新人才的需要。

(二)国内外关于同类课题的研究综述

1. 对话课堂

近几年,国内外教育都对"对话教育"抱以莫大的热情,其已成为当前教育改革的一个必然趋势。从江西省梅村高级中学到广州、上海等地的小学,再到泉州市"十一五"规划中申报的课题"'对话式',自主、合作、探究学

习方式的实践研究",都研究过"对话教育"。对话课堂,是指学生在学习过程中,以已有的知识为基础,以个体自主学习为前提,以小组合作学习为依托,以适度探究学习为目标,以"学习方式"为研究重点,以"实践研究"为研究形式,不拘泥于书本,在学习实践活动中"试一试"探索前进,教师充当引导者、组织者的角色。

2. 尝试教学理论

邱学华的尝试教学法,是根据数学教学的特点和儿童的心理特点设计的。它用尝试题引路,诱使学生自学课本,这样就能充分发挥学生的自主性。练习后,引导学生讨论,发挥学生之间互相作用,学生用语言表达自己的想法,并作为形成概念的基础,最后教师讲解完整的系统知识。许多学校采用了邱学华的尝试教学法后,在教学方面都收到了良好的课改效果,并取得了巨大的成就。

3. 洋思中学的"先学后教,当堂训练"教学模式

洋思中学运用"先学后教,当堂训练"的教学模式,创造了一个教育的神话。"先学后教,当堂训练"的教育理念是"尊重主体,面向全体",他们把由教师硬灌给学生的"先教后学",变成了让学生先学起来的"先学后教",从根本上解决了课堂教学效率低下的问题。其实质为:课堂教学过程中都让学生去学、去探索、去实践,而教师在其中只是"向导""路标",起着"引路""架桥"的作用。这种具有"创新"的教学结构结束了传统教学"满堂灌"的现象,使课堂教学的过程变成学生在老师指导下由浅入深地紧张学习、探究的过程。

4. 四川泸州天化小学的"三学·四环节"教学模式

2012年,四川泸州天化小学的课改之路扬帆起航,探索出一套"三学·四环节"教学模式。"三学",即我学、助学、合学;"四环节",即自主学习、合作探究、展示点评、学以致用。"三学"有机地贯穿到"四环节"中,环环相扣,层层落实。学生亲力亲为,参与学习过程,享受学习带来的成功喜悦。

（三）课题研究核心概念的界定、内容、目标、创新点

1. 课题研究核心概念的界定

"力行"，即努力践行和努力修行，就是强调通过学生自己的实践体验获得认知、感悟和能力，形成良好的行为习惯和道德品质。

对学生来说，一是努力端正和修炼品行，养成良好的行为习惯和道德品行；二是努力实践和体验，做到知行合一，养成自主学习和乐于探究的学习习惯，要在"努力践行"学风助推下，促进自身的全面发展。

对教师来说，一是推崇立德树人教育理念，教学生学会做人；二是推行"知行合一"的教学理念，推进实践体验的学习方式，培养学生善学乐探的学习习惯，注重内化提升。

"力行"课堂则是学生自己的课堂、自主的课堂、探究性的课堂、开放式的课堂、本真的课堂。

2. 课题研究的内容

（1）转变教师的教育观念，推崇立德树人教育理念，推行"知行合一"的教学理念，转变教学方式，促进教师专业发展。

（2）推动学生由被动接受学习的方式，向自主、合作、探究的学习方式转变。

（3）教给学生学习、探究的学习方法，通过自己的努力动手操作、实践和体验，做到"知行合一"，养成自主学习和乐于探究的学习习惯。

（4）通过对"力行"课堂教学模式的研究、形成一套适合我校的"力行"课堂教学模式。

3. 课题研究的预期目标

（1）转变学生的学习方式和教师的教学方式，进一步优化课堂教学结构，提高课堂教学效率，形成"力行"课堂的教学新模式。

（2）激发学生的探究意识，使探究性学习成为学生自主自觉的学习行为。

（3）培养学生独立探究与合作学习的精神，培养学生的合作意识和人际

交往能力。

（4）让学生通过自己的努力动手操作、实践和体验，亲自参与探究活动，获得积极的情绪体验，逐步形成乐于探究、努力求知的探究心理倾向。

（5）通过探究性的学习活动，帮助学生掌握探究方法，形成探究品质，促进学生探究能力的发展。

4. 创新点

（1）由教师传授型课堂向学生学习型课堂转变，体现"学生学习为本"的理念。学习一定要发生在学生身上才有意义，否则就是"单相思"。学生才是学习的主人，倡导自主、探究、合作的学习方式。教师只是学生学习的组织者、合作者、引导者。

（2）由知识掌握型课堂向学生发展型课堂转变，体现"学生发展为本"的理念。在注重知识传授的同时，更要强调能力的培养、情感的培养。知识是死的东西，要将死的知识变为活的能力，教育才是真正的开始。

（四）研究的主要思路、方法和步骤

1. 研究的主要思路

为保证课题研究的顺利实施，我们采取以下途径：

（1）明确"力行"课堂教学模式研究的目的和意义。积极探讨与学科相适应的"两学一引"教学模式，基本掌握模式，提高课堂质量。

（2）教师培训。选拔悟性高的教师作为课题实验骨干教师，一带一、一带多的培训方式相结合，保证课题实验的优质资源。

（3）理论和实践相结合。组织课题组人员学习与课题相关的理论知识，并通过开展汇报课、研究课、评课互动等方式，理论联系实际，掌握"力行"课堂教学模式，转变学生的学习方式。

2. 研究方法

（1）文献研究法

搜集、查阅各类与课题有关的资料和教学改革实验，探究科学有效的课堂教学新方式和评价标准。

(2) 调查研究法

通过问卷调查和访谈调查，了解学生的学习习惯和方法，了解学生对各位老师课堂教学的意见和建议。

(3) 行动研究法

通过课堂观察等活动，了解各学科教学中存在的问题并通过研讨交流活动制定改进方案，然后再根据改进方案进行课堂教学，以此循环。

(4) 个案研究法

在行动研究过程中，通过教师的课堂教学，提炼出学科操作流程与要求。

(5) 经验总结法

在培养学生自主合作、动手操作、实践、探究等学习能力方面，总结出先进的经验，把在实践中获得的感性认识上升到理性认识，不断学习、实践、总结、完善、再实践。在实践中研究，在实践中创新。

3. 课题研究的步骤

(1) 第一阶段：课题研究的筹备阶段

①实施时间：2018年6月至2018年9月。

②实施目标：初步了解学科"力行"课堂课题的教学模式；熟悉"力行"课堂教学模式，即"两学一引"。

"两学"，即"自学"和"互学"。自学，即学生带着学习目标、任务，独立学习思考，或读文章，或看例题，或动手操作，独立完成学习任务。互学，即在课堂上针对学生提出的疑难问题，学生在小组中（4~6人）合作学习，或精读文本，或研究问题，或动手操作实践，或共同探讨，通过小组的力量解决疑难。

"一引"，即指教师的引导，通过对学生在自学和互学过程中产生的疑难问题进行精当、巧妙的引导，对错误的进行更正，对学生理解较为肤浅的地方加以深化。

③实施内容：建立课题组织机构，成立课题研究小组，确定主要研究人员及分工，创设课题实验环境，对实验教师进行理论学习与实践培训，制定课题实施方案。

④具体措施：

a. 认真组织人员学习"力行"课堂教学模式的相关理论知识，制定好研究实施方案。

b. 组织实验教师利用每周的主题教研活动学习相关理论知识、观摩精品课堂与实践培训，让实验教师有章可循。

(2) 第二阶段：研究试点阶段

①实施时间：2018年10月至2019年8月。

②实施目标：推进"力行"课堂教学模式，课堂教学基本达到对"两学一引"的熟练驾驭，提高课堂教学效率，打造高效课堂。

③实施内容：

a. 由负责人组织学习模式相关资料，转变学生的学习方式，改变观念。

b. 了解和熟悉"力行"课堂教学模式；积极探讨与本学科相适应的"两学一引"教学模式，基本掌握模式，提高课堂质量。

c. 整理研究思路，全面实施，完善研究方案，分学科组织教师上研究课，组织课题组成员观摩、研讨，及时总结研究的成果，撰写研究中期报告、阶段性研究论文，收集优秀教案和课件。

④具体措施：

a. 实验教师必须从"三个一"抓起，即从每一个实验的班级抓起、从每一节课抓起、从每一位学生抓起，力争使每一个学生都会学习、能学习。

b. 实验教师灵活地运用"力行"课堂教学模式。在课堂教学中，能运用"两学一引"的教学模式。辩证地处理教和学的关系，把学放在首位；作为课堂组织者、合作者、参与者的教师，要引导学生自主学习、合作学习、探究学习，引导学生积极参与、独立思考、自由表达、愉快合作，让学生在心理上处于兴奋和抑制的最佳状态，努力践行学习真知，努力修行，培养品德。

c. 实验教师必须制定完整的课题阶段计划，定期上好每月的课题研讨课，学期末要对本学期的课题研究工作进行阶段总结、反思。

d. 实验教师应经常汇报试验的开展情况，将实验过程中的深刻感受或棘手问题做好教学反思，定期与课题组成员交流意见，随时修改方案中的不足之处。

(3) 第三阶段：全面推广阶段

①实施时间：2019年9月至2020年6月。

②实施目标：在全校推广"力行"课堂教学模式，提高课堂质量。

③实施内容：在实验班取得成果的基础上，在全校范围全面推广应用。

④具体措施：

a. 组织教师上好"力行"课堂教学模式（即"两学一引"）的汇报课。

b. 根据课题实施的具体情况，对"力行"课堂教学模式再作补充与修改，并在全校范围内推广与实施。

(4) 第四阶段：总结反思阶段

①实施时间：2020年7～8月。

②实施目标：总结本课题研究的得失，整理资料，申请结题。

③实施内容：在完成实施阶段各项任务的基础上，进行评价和总结工作，收集整理撰写研究报告，召开最终研究成果汇报会，申请结题。

④具体措施：

a. 组织研究人员收集整理资料及相关论文，装订成册。

b. 认真组织研究人员评价、总结各项研究工作，撰写结题报告，申请结题。

4. 课题组人员分工

(1) 课题管理

课题负责人：李金禄

联系人：肖勇明

成员：肖勇明、王凤莲、官水生、叶芳、黄凤英、曾翠彬、罗雪如、曾桂招、林珠丹、卢萍、林芬

(2) 具体分工

李金禄：负责课题全面管理，落实课题研究的各项管理制度。

肖勇明：组织与课题相关的理论学习，做好课题的阶段计划、总结等。负责课题的联系工作和研究过程记录，做好实验班课题资料的收集、整理和分析等工作；具体负责实验班实践研究工作。

王凤莲：负责收集、整理与本课题研究相关的理论、国内外前沿信息等有关学习资料；具体负责实验班实践研究工作。

官水生：具体负责实验班实践研究工作。

叶芳：具体负责实验班实践研究工作。

黄凤英：具体负责实验班实践研究工作。

曾翠彬：具体负责实验班实践研究工作。

罗雪如：具体负责实验班实践研究工作。

曾桂招：具体负责实验班实践研究工作。

林珠丹：具体负责实验班实践研究工作。

卢萍：具体负责实验班实践研究工作。

林芬：具体负责实验班实践研究工作。

(五) 预期研究成果

1. 研究结题报告。

2. "力行"课堂教学新模式（"两学一引"）。

3. 教学成果（教学论文、教学设计、教学案例、教学反思、教学随笔等）编辑成册。

4. 课件、教具等相关材料整理归档。

5. 示范课音像制品。

(六) 课题研究的条件分析

1. 学校高度重视，课题负责人由校长李金禄亲自担任，负责协调工作，有利于处理好课题研究与学校各方面的关系，保障课题研究的顺利实施。李金禄校长近年来负责参与过《多元交叉式作文教学研究》《在数学课堂教学中有效倾听的研究》《颂歌中华经典　丰厚书香内涵》等课题的研究，有较高的教育教学理论知识和科研能力。

2. 课题组成员都是我校的校级领导、骨干教师和名师培养人选，业务素质过硬，有较强的科研能力，近年来都参加过省、市、县的课题研究工作，有着丰富的教学经验和课堂调控能力。

3. 我校具有较雄厚的经济实力，领导重视，支持教育科研，研究经费与设备有充足的保障。学校的图书室、名师工作室等藏书丰富，可以保证理论学习的可行性。

4. 学校培训经费充足，用于保障实验教师的专业成长，如邀请专家来校讲座、公开课展示、外出参加培训等。

二、"力行"课堂教学课题开题研讨活动

1. 活动方案

关于举办明溪县第二实验小学 2018 年市、县立项课题开题研训活动的通知

根据三明市教科所明教科〔2018〕20 号文件，明溪县教师进修学校〔2018〕41 号文件精神，为做好我校市级课题"'力行'课堂教学模式的研究""用'力行'教育思想引领学生成长的研究""小学数学运用画图策略解决问题的研究""利用数学课堂错误资源提高学生数学素养实践研究"和县级课题"核心素养观下学生自主探究学习能力培养的实践研究""用好例文力行儿童读写的实践研究"的开题工作，经研究决定于 2018 年 9 月 26 日（星期三）在录播室举办明溪县第二实验小学 2018 年市、县立项课题开题研训活动。请

相关课题组成员准时参加,其他相应科目的教师调好课参加听课活动。

2. 会议议程安排

明溪县第二实验小学 2018 年市、县立项课题开题研训活动会议议程安排表

时间		内容	项目承担者	活动地点	主持人
9月26日	上午	8:20—9:00	教学研讨课 二年级语文《妈妈睡了》	肖美玲	录播室	曾翠彬
		9:25—10:05	教学研讨课 四年级数学《线段、射线和直线》	张秀珠		
		10:15—10:55	教学研讨课 五年级数学《植树问题》	张桂香		
		11:00—11:40	教学研讨课 三年级美术《一张奇特的脸》	孙洁（美术室授课）		
			课题管理组宣读立项通知书	明溪县教师进修学校领导		
			开题报告	李金禄、卢琳、罗雪如、李菊莲、叶懿行、李丽英		
			实验教师代表讲话	肖勇明		
			开题论证	明溪县教师进修学校专家		
			领导讲话			

3. 简讯摘要

带着对教育的思考，怀着对教研的热忱，我们迎来了市级课题"'力行'课堂教学模式的研究"的开题活动。参加本次活动的有明溪县教师进修学校副校长曾才英，教研员黄妹英、林金香，我校校长李金禄以及课题组的所有成员和相关科任教师。

明溪县教师进修学校副校长曾才英宣读课题立项通知书

本次活动共有六项议程。第一项议程是听教学研讨课，分别是由肖美玲老师执教的二年级语文《妈妈睡了》、张秀珠老师执教的四年级数学《线段、射线和直线》、张桂香老师执教的五年级数学《植树问题》、孙洁老师执教的三年级美术《一张奇特的脸》。第二项议程由明溪县教师进修学校副校长曾才英宣读课题

李金禄校长作开题报告

立项通知书。第三项议程由课题组负责人李金禄校长陈述开题报告。他从"力行课堂教学模式的研究"课题研究的背景及意义、国内外关于同类课题的研究，"力行"课堂教学模式"两学一引"，研究内容、预期目标以及分工等，向全校教师进行了深入浅出的阐述，使教师们深入了解了"力行"课堂教学模式"两学一引"，把握了这种教学理念的内涵。第四项议程由肖勇明老师代表课题实验教师作出承诺。第五项议程是明溪县教师进修学校黄妹英老师、林金香老师对课题进行论证。他们认为"力行课堂教学模式的研究"课题时

代性强、价值高、可行性强，希望我们多学习、多摸索，做好学生的组织者引导者。最后，李金禄校长对市级课题的开题表示祝贺，并提出了希望。他说，教育是国之大计、党之大计，中国梦的实现靠教育，希望教师们踏踏实实地做好课题研究，提升教研水平和专业能力，争当新时代"四有好老师"。

本次活动是个起点，课题组成员将踏上课题研究的新征程，开始为期两年的探索。相信在领导及专家的指导、帮助下，在课题组成员的同心协力、扎实工作下，课题研究定能取得辉煌的成果！

4. 优秀案例

《线段、射线和直线》教学设计

明溪县第二实验小学　张秀珠

【教学目标】

1. 初步建立线段、射线、直线的概念，以及它们之间的联系与区别。

2. 知道线段、射线和直线的表示方法（字母或图例表示），使学生建立初步的符号感。

3. 从生活实际出发，初步体验到射线、直线"无限延伸"的特性。

4. 通过实验操作得出结论，发展思考的有序性，培养学生合作交流的意识和探索精神。

5. 学会用数学的眼光观察事物，感知生活中的数学知识，发展空间想象力，培养学习兴趣。

【教学重难点】

1. 会用字母和图例正确表示射线、直线。

2. 理解"无限延伸"的含义。

【教学设计】

（一）创境激趣，导问定标

出示线段、直线、射线文字，你认识它吗？看到这个课题，你想知道什么？

（二）自学互学，解疑问难

1. 回顾线段

（1）出示：板书"线段"

（2）寻找身边的"线段"（学生举例）

（3）出示"红外线"灯

想一想，这"红外线"灯射出的红点和线外线笔之间，可以用数学中的什么图形来表示？

2. 感知射线

（1）（师演示将"红外线"光束从窗户射出去）假设这束光有无穷的能量，并且没有任何物体的阻挡，一直射出去，请你想象一下，这束光将会怎样？

（2）学生初步体验射线"无限延伸"的特性。

3. 感知直线

想象："红外线"灯从两端射出去，假如两端也没有任何物体遮挡，想象一下，将它的两端无限地延长，会形成怎样的图形？

4. 线段、射线、直线的区别（出示板书）

线段、直线、射线

图形	端点个数	延伸情况	可否度量
线段	2	不可延伸	可度量
射线	1	一端无限延伸	不可度量
射线	0	两端无限延伸	不可度量

（三）巩固拓展，研学启思

1. 找生活中的射线、直线。

2. 画线：学生尝试画出想象的图形。

3. 给线做标记。

4. 过平面上一点画直线。过平面上两点画直线。数直线、线段、射线各几条。

（四）总结质疑，评价体验

（五）布置作业

【教学反思】

本课是人教版义务教育教科书小学数学四年级上册第三单元——角的度量的第一课时，属于图形与几何这一领域的内容，是在二年级学生初步认识了线段的基础上进行教学的。本节课在学生已有知识的基础上加以拓展和提高，加深对图形本质特征和内在联系的认识。这节课，我主要采用自我探究的学习方法，循序渐进、环环相扣，基本达成了预定的教学目标。主要体现在以下几个方面：

由于"无限延伸"的射线、直线在生活中难以找到直观形象的例子，而以往教学中又过多关注知识点与相关技能的落实，相对忽视对图形表象形成过程的关注（忽视提供反复感知逐步形成清晰表象的时空），忽视借助表象展开想象的能力训练，学生在学习过程中很少体验到射线、直线的"无限性"。因此，教学中我尽可能提供机会，在反复经历"感知—表象—想象"的过程中，使学生头脑中射线、直线的表象逐步变得清晰，得以较好地体验到射线、直线的"无限性"。

课堂一开始以线段为基础，引入对射线和直线本质特征的认识，最后通过实物和图形表象反复对比想象，讨论线段、射线和直线三种图形的异同。

让学生想象红外线照射到无限远，激发了学生探究知识的欲望。拓展环节中，经过画射线和直线、一点可以画多少条直线、同时经过两点可以画多少条直线、给线段射线直线作上标记、数一数图中有几条直线几条射线几条线段等五个探究活动时学生暴露出来的问题，再进行讨论式的修正，最终得到精准的数学结论。

本节课为了完成教学任务，提问的面还不够广，违背了数学课堂教学要面向全体学生的原则——不能只让学习好的学生回答问题，而忽略差生的学习；要让不同的学生在数学学习上都能发挥自己的才能，都能成功，这点以后要注意。

《妈妈睡了》教学设计

明溪县第二实验小学　肖美玲

【教学目标】

1. 学会"哄、先、闭、紧、润、等、吸、发、粘、汗、额、沙、乏"13个生字，会写"发、先"两个字。

2. 能正确、流利、有感情地朗读课文。

3. 能读好"的"字词组。

【教学重难点】

1. 教学重点：能正确、流利、有感情地朗读课文；读好"的"字词组。

2. 教学难点：说说"睡梦中的妈妈"是什么样子的。

【教学过程】

（一）谈话导入，揭示课题

1. 小朋友们，今天我们学习第七课，读课题。

2. 朗读课题时，声音要轻一些，才不会吵醒妈妈。谁能轻轻地来读读课题？

3. 你们见过妈妈睡着的样子吗？（请生交流）

（二）检查自学，感知内容

过渡：课前，我们已经预习过课文了，相信这些词语一定难不倒你。（齐读、开火车读）

1. 发现多音字并组词。

过渡：你找到这里面的多音字了吗？（生汇报）

2. 从你们的预习卡中，老师发现下面的词语你们觉得特别难读，我们一起来看看。

①红润，粘在（翘舌音）

②等会儿（儿化音）

③乏了（"乏"，你有什么好方法记住它？）

过渡：难读的词语解决了，还有几组简单的词语，请人领读。

3. 选择一个你喜欢的词语，说一句话吧。

4. 字宝宝跑到句子中，你还认识吗？你还能读通顺吗？选择你喜欢的句子，读给大家听。

指导长句子的朗读。

5. 过渡：老师发现这里有一句特别难读。

6. 她乌黑的头发粘在微微渗出汗珠的额头上。

A. 乌黑的头发　B. 微微渗出汗珠的额头

（1）要读好这个句子，这两个短语很关键。谁来读？拆分"微微渗出汗珠的额头"。放回句子谁来读？

（2）读好这些"的"字词组，就能帮我们读好课文呢。

（3）你看，在我们的课文中，像这样带有"的"字的词组还有很多呢。找出课文中带"的"字的词组并划出来。齐读。

（4）区分"的""地"。

7. 字词都解决了，现在你一定能把文章读正确了。

（1）自由读文。要求：读准字音，读通句子，难读的句子多读几遍。

（2）轮流读。要求：其他人认真听，给朗读的同学提出意见。

8. 自由朗读、轮流开火车读课文，看看谁的注意力最集中。

（三）研学探究，品味词句之第一段的学习

1. 理解妈妈的累。

2. 学写"哄"。

学习第一段：

（师引读）

妈妈哄我午睡的时候……

①"哄"：这个字请你读。

②妈妈是怎么哄你们睡觉的？

③你能读出妈妈哄你时温柔的感觉吗？（2人）

④多温柔呀！让我们一起读一读。

1. 师生合作读第一自然段。

2. 联系生活实际，解释"哄"为什么是"口"字旁。

3. 书写"哄"，互相评价，指出优缺点。

学写"先"

（2）妈妈哄我午睡的时候，自己"先"睡着了。

①诶，多奇怪呀，妈妈哄我的时候，居然自己"先"睡着了。

②先：这是一个表示顺序的词语，它的反义词是什么？（后）

③观察"先"在田字格中的位置，书写"先"。

④是啊，妈妈为什么会先睡着呢？（累了，乏了……）

⑤妈妈好累呀，你瞧，她睡得好熟、好香。

让我们读好这一段。（妈妈哄我午睡的时候……）

（四）拓展研学，提升素养

过渡：这是一位既美丽又温柔的妈妈，文中用了许多动听的语句来形容她。如果我们能把它们用到你的日记和作文当中，说不定你比他们写得还要棒呢！你愿意试一试吗？

我的妈妈（　　）的眼睛，（　　）的鼻子，（　　）的嘴巴，再加上一头（　　）头发，（　　）极了。

（五）课堂小结

同学们，只要认真观察，你就能发现妈妈的许多特点。结合你对妈妈的爱，再来读一读这段话吧。（指名读）

其实，只要妈妈在，妈妈的爱就会一直陪伴着我们。虽然有时候妈妈会因为我们的调皮而生气，但是有一点我们必须确定：妈妈爱你！

（六）好书推荐

《妈妈心·妈妈树》

《袋鼠宝宝小羊羔》

《大棕熊的秘密》

（七）布置作业

1. 课下观察妈妈睡觉的样子，用简单的语言描写你睡梦中的妈妈。

2. 回家后，帮爸爸妈妈做一件力所能及的事，用实际行动表达对他们的爱。

【板书设计】

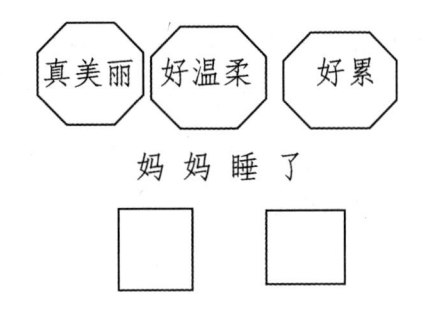

真美丽　好温柔　好累

妈 妈 睡 了

【教学反思】

《妈妈睡了》是一篇浅显的抒情性课文。这篇课文通过生动形象的语言，描绘了睡梦中的妈妈真美丽、好温柔、好累。文章以流畅自然的语言为基调，没有华丽的辞藻，不见雕琢的痕迹，但是给人亲切热情的感觉。因此，教学这一课时，我引导学生以读为本、以情为线，感悟真情，理解为客。教学预设在实际课堂教学中落实反思如下：

1. 在导入时，我让学生齐读课题，简单的一句"你们这样的声音，妈妈会醒的"，学生能马上根据平时的生活经验，知道《妈妈睡了》要小声读，如果大声会吵醒妈妈。据此来指导学生有感情地朗读课题《妈妈睡了》，可以调动学生对妈妈的情感体验，使孩子们在对妈妈的爱的情感体验下进入文本。

2. 一个问题"那睡梦中的妈妈是什么样的?"，明确了妈妈的三个样子——"真美丽、好温柔、好累"。同时，在朗读的过程中，让学生带着问题进行倾听，可以使学生置身其中，情不自禁地关注、向往、投入。

3. 注重学生对文本的朗读。

第三节 "力行"课堂教学课题中期活动

一、"力行"课堂教学课题中期报告

我校大胆、积极地推进课堂教学改革，2018年9月确立研究课题"'力行'课堂教学模式的研究"，获得三明市教育科学研究所的立项审批，并于2018年9月举行开题论证仪式。本课题自开题以来，我校领导高度重视，由名校长培养对象李金禄校长担任课题的负责人。在他的带领下，学校以"力行"思想理念为引领，大力推行"力行"课堂教学模式"两学一引"，并以此来提高课堂教学实效，力求避免无效教学。本课题从2018年9月正式开题至今已经走过了一个学年，预期到2020年6月结题，历时两年时间。现将前一阶段的研究工作整理汇报如下。

（一）前阶段工作概况

1. 成立课题领导小组，确立实验教师

自2018年9月，本课题被三明市教育科学研究所立项为"三明市中小学名师名校长培养对象"专项课题开始，我们学校的领导就高度重视，从学校教师中精选教学骨干力量，成立了以李金禄校长为组长，分管教学的官水生副校长为副组长，教导主任、教研室主任、各学科教研组长为实验教师的课题实验研究小组。接着，课题组成员就搜集相关理论资料，共同商议拟定了课题的实验方案、课题阶段研究计划、课题研究内容、预期达到的目标以及研究方法，并做好开题准备。

2. 召开课题组成员会议，明确分工

自本课题被立项以来，于2018年9月召开了课题组第一次会议，学习本课题实施方案，明确课题研究背景、研究意义、研究内容以及研究方法。拟定课题实施方案，明确各课题组成员分工。随后，每月课题组成员召开会议，或学习相关理论，或研讨在研究工作中存在的问题，分享经验、交流困惑等。

3. 根据计划，扎实开展研究工作

(1) 加强学习，转变观念

确立"力行"课堂教学模式"两学一引"的高效教学理念，促进教师教学行为的转变。我们认为，教师首先必须得具备与现代素质教育宗旨相吻合的教育观、学生观、管理观、质量观、人才观，这样才能更好地实施我们的研究。

(2) 组织研讨

自课题研究起，我们以课题研究为载体，以磨课（实验课）、研课、上课、评课等为主要活动形式，每月活动一次，每次三节课的时间，集体备课、听课、评课研讨。这样一来，不仅使大家在言语交锋中、思维碰撞中进行课题研究的探索，更在不懈的追求中，使自己逐步成为高品位、科研型教师。

(3) 不断反思，探讨课堂

探究实践中遇到的问题，并确立新的研究重点。学校的反思活动可谓形式多样：一是要求教师坚持撰写每课的"教后反思"，逐步养成勤于思考、注重积累、厚积薄发的良好研究习惯；二是鼓励教师撰写教学论文，参加各级汇编。上述反思活动，不断增强了教师对"力行"课堂理念的内化水平和对教育教学现象的洞察能力，从而为科研型教师的成长开辟了新途径。

(4) 及时总结

我们在课题研究的过程中，根据学校的实际情况和课题研究方案的目标要求，把课题研究和日常的教研活动紧密地结合起来，选择不同的方面作为研究的突破口，多形式、多渠道开展课题研究，规范课题研究的过程管理。

(二) 课题研究工作主要进展

一年来，我校课题组成员以课堂教学为平台，从各自研究的侧重点出发，通过互动、互补，使课题研究开展有序、进展良好。

1. 深入学习，领会有关"力行"课堂教学模式"两学一引"的内涵，加强对《课程标准》的再学习，重视从相关的著作中涉猎理论营养，对课题的广度和深度的认识进一步深化。

2. 课题负责人积极组织课题组成员参与课题研究互动，或听课、评课；或进行案例分析与反思；或学习传达省、市各级有关开展课题研究的会议精神，消除课题组成员的畏难心理；或与片区内的兄弟学校一起探讨、切磋、交流，现场感受课题研究在课堂教学中的展现，分享成功的经验，反思研究过程中出现的问题，有针对性地调整研究方案，初步形成和谐的课堂教与学的模式。

3. 构建了"力行"课堂教学模式的教学结构框架。通过一年的努力，我校将"力行"课堂的教学模式"两学一引"提炼升华为"三学一引"。一是课前自学。课前教师发下预学单（导学提纲），作为学生自学的依据。二是检查自学。课堂上，教师设计选择、填空或问答题检测学生的自学情况。通过此环节，既检测了学生的自学效果，又了解了他们对本节课内容的熟悉程度，以便在接下来的教学中采取相应的策略。三是互学交流。互学，就是在课堂上，针对学习内容和学习要求的需要，采取的学生同桌之间、小组之间或全班同学之间的合作学习。四是合作研学。就是师生智慧共同作用下，重学巧引地进入深层次、深入性的研究性、探究性学习。学生或精读文本，或研究问题，或动手操作实践，或共同探讨，来解决疑难、突破重难点。五是巧引探究。针对小组在合作、探究性的学习过程中产生的疑难问题进行精当、巧妙的引导点拨，解开谜团、拨云见日，最终达到云开雾散的效果。六是拓展延伸。这一环节是对本节课的延伸，将这一节课学到的方法加以归纳、总结、提升，并运用到实际当中。

4. 县教育局领导和明溪县教师进修学校教研员不定期对我校课题进展情况进行调研，对我们付出的努力与取得的收获给予充分的肯定。尤其是我们能把课题研究立足于课堂教学，更是得到领导的一致赞同。还对我们在研究中的一些困惑进行针对性的指导，也为存在的不足提出了今后改进的方向，增添了我们的科研热情与信心。一年来，我们已经走出了初始阶段的困惑，对课题研究的方式、方法已有一定的把握。相信有课题组成员的共同努力，有各级领导的鼎力支持，我们有信心把本课题研究开展得更好。

(三) 已取得的阶段性成果

目前，虽然课题仍处于研究阶段，但在李金禄校长的领导下，经过课题组成员的努力，课题研究已经取得了一些阶段性的研究成果。

1. 本课题目前已经辐射到学校的各个学科，各学科教师几乎都能将"力行"课堂教学模式"两学一引"运用于自己的课堂教学中。

2. 课题组成员都能扎扎实实地按计划开展课题研究工作，主动积极地学习与课题有关的理论知识。自课题开展以来，集中学习了课题开题报告、研究方案、《"力行"教育 助力成长》等有关理论。课题组成员还学习了其他一些与课题相关的理论，如《如何进行"读、品、悟"的感悟式教学》《坚持"教师主导、学生主体"的教学理念》等。这些相关的理论，有利于教师更好地把握"力行"课堂教学模式"两学一引"。

3. 不但课题组成员之间能够相互学习、研讨，其他教师也能积极地参加到这一课题的研究活动中来，整个学校形成了一股浓厚的科研氛围。本学年上了多节研讨课，如王凤莲老师执教的《去年的树》、罗雪如老师执教的《简单的排列》、陈会凤老师执教的《圆明园的毁灭》、廖林杰老师执教的《飞向蓝天的恐龙》、冯秀莲老师执教的《手指》、陈铭老师执教的《数学广角——田忌赛马》、黄凤英老师执教的《田园诗情》、林珠丹老师执教的《临死前的严监生》、曾桂招老师执教的《刷子李》等等。课题组成员积极参加集体备课活动、听课和评课活动，都能在活动中大胆提出自己的意见和疑惑，与组内老师共同探讨。

4. 围绕"力行"课堂教学模式这一主题，还开展了一系列的活动。

（1）2018年9月26日，我们的市级课题"'力行'课堂教学模式的研究"开题。肖美玲老师执教了二年级语文《妈妈睡了》，张秀珠老师执教了四年级数学《线段、射线和直线》，张桂香老师执教了五年级数学《植树问题》，孙洁老师执教了三年级美术《一张奇特的脸》；明溪县教师进修学校副校长曾才英宣读了课题立项通知书，教研员黄妹英老师、林金香老师分别对课题进行了论证；李金禄校长作了开题报告。

（2）教师教学技能比武活动。2018年11月6日至9日，我校开展了教师教学技能比武活动。此次活动在各备课组、教研组初赛的基础上，择优推荐18位选手参加决赛。比赛共分现场授课和评课两个项目。参赛教师们精心准备，发挥竭力而行的教风，课堂中师生互动、生生互动，学生自学、互学，教师引导点拨，体现我校"力行"课堂的精髓。经过紧张有序的角逐，温晓晓、童倩、李晓雁、陈思璐、方铭、张婧、胡慧、陈素娟、戴丽嫔、吴文秀、巫笛、陈小娟老师获得一等奖，陈澄、尤志蓉、李菊莲、晏芳、雷莺、卢萍老师获得二等奖。通过比赛，我校"力行"课堂教学模式的研究进程、"两学一引"的教学模式在课堂中得到了很好的展现。

（3）2018年12月10日开展的"厦门教师送教"暨明溪县小学第二片区教学研讨和第二实验小学教育教学开放日活动，荣幸地邀请到了三明市教育科学研究所主任罗柏生、厦门市海沧区教师进修学校附属学校校长陈桂虹和她优秀的教师团队前来送教。上午，来自厦门的康钟钰老师展示了一节三年级的语文课《搭船的鸟》；张亚楠老师带来的是三年级绘本阅读《有个性的羊》，教给了学生绘本读物的阅读方法。福建省学科带头人、厦门市海沧区教师进修学校附属小学校长陈桂虹执教了一堂六年级语文课《最后一头战象》，她引导学生静心默读，潜心会文，通过揣摩嘎羧"人"一样的活动轨迹来体会嘎羧的情感世界，从而教会学生阅读沈石溪动物小说的方法。她还作了题为"结构化思维——教材解读的'利器'"的精彩讲座。最后，三明市教育科学研究所主任罗柏生对今天的活动作了精彩的点评。他提出，阅读教学要"教方法学表达"，每一节课要明确自己的目标，找到完成目标的途径。希望老师们能从这三节课中找到自己的差距，反思自己的课堂，改变自己的课堂。下午是数学专场，由厦门的蔡梓媚、林华英两位老师和明溪县第二实验小学的罗雪如老师分别执教了三节精彩的数学课。他们的课都是引导学生在动手操作、实践体验中引发思维、感知知识，在合作交流中寻找方法，渗透有序思考，体会数学的应用价值，极大地体现了"力行"课堂的模式。李金禄校长全程参与活动，他为厦门老师的钻研进取精神而感动，同时也感受到了我们的课堂与厦门的差距。他希望我们要好好反思自己的课堂，借此机会来促进我校"力行"课堂教学模式的构建。

（4）青年教师"力行"课堂教学比武活动。2018年12月25日至12月28日，我校开展了青年教师"力行"课堂教学比武活动。参赛选手是今年新入职的14位青年教师，组成语文、数学、综合科3个组进行比赛。课堂上，每个参赛老师都能领会"力行"课堂理念，课堂中师生互动、生生互动、学生自学、互学，教师引导点拨，课堂条理清晰，课件新颖生动，内容各具特色，在短短40分钟时间内，充分展示了他们的教学风采和教学特点。经过紧张有序的角逐，房鹤玲、涂晓艺、何诗琪老师荣获一等奖，陈会凤、陈秋华、王君辉、郑诗垚老师荣获二等奖。赛后，分学科进行了反馈交流，各位选手都进行了深刻的反思。李金禄校长给新老师们提出殷切的期望。他说："好学近乎知，力行近乎仁。"好学的人，离智者也就不远了；无论何事都竭尽所能去做的人，离仁者也就不远了。他希望新教师们学习、学习、再学习，勤实践、勤反思，发扬"力行"精神，快速成长为优秀的教师。

（5）开展"力行教育助力成长"研训活动。2019年2月19日下午，我校在学术交流中心举行了以"力行"教育为主题的研训活动。李金禄校长作了题为"'力行教育　助力成长'——'力行'教育思想的实践探究"的讲座。讲座主要从力行教育思想的基本概念、力行教育思想的主要依据、力行教育思想的实践情况等三个方面进行深入的阐述。首先，他引经据典，阐述了"力行"一词的内涵，力行教育思想的内涵、核心理念，以及"我力行"的基本理念；其次，他对力行教育思想的依据侃侃而谈，主要是教育方针要求、名家教育要求、新时代的要求、素质教育要求、课程改革要求、孩子成长需要、社会发展需要等七个方面；接着，他向大家介绍了我校"力行"教育思想的实践情况，从"力行"文化引领、师资建设、课程开发、课堂构建、课题研究、德育实践、评价改革、家庭教育等八个方面进行全方位的解说。最后，他向全体教师提出希望：做力行教师，育力行学生。

（6）4月24日，在"省级教育教改示范性建设学校"项目阶段汇报和成果展示活动中，"力行"课堂教学模式做了充分的展示。语文教研组组长林珠丹老师执教了五年级下册《人物描写一组——临死前的严监生》阅读教学课例。她从游戏导入、检查自学、小组研学、互学交流、拓展练笔等方面，引导学生感悟经典名著中人物细节描写的妙处，感受名著的魅力，激发学生阅读名著的兴趣。整节课充分展示了学生自主学习、探究的能力，教师巧引妙导，课堂上精彩纷呈，不时闪现出学生智慧的火花。涂晓艺老师执教北师大版数学第九册《最大公因数》。在游戏活动中理解公因数的概念，在自主探究中寻求最大公因数的求法，让学生主动获取知识，并让学生在集体交流中边做边说，充分体现学生的主体地位。这两节课，老师都能熟练运用力行课堂的模式进行教学，很好地诠释了力行课堂的真谛。

（7）开展了明溪县李金禄名校长工作室集体备课观摩研讨和"力行课堂"课题中期研训活动。2019年5月14日，我校在录播室开展了集体备课观摩与"力行课堂"课题中期研训活动。林珠丹老师作了"加强集体备课，提高课堂实效"的讲座。她从"深入文本，加强教学资源的开发和利用""优化学习方式，选择适合学生的教法""创新备课方式，优化教学设计""集备常态化，教研定期化"四个方面，谈了"集体备课集智慧，课堂教学讲实效"这一看法。最后，表达了自己的观点：教师要具有终身学习的理念。接下来，廖菊清老师给大家展示了三年级下册第七组课文的集体备课。她深入浅出，紧扣本单元的主题"整合信息，学会表达"，从备单元目标、单元重难点再到每课的教学目标、重难点、教学设计，详细主讲了《海底世界》一课的教学设计，为大家展示了备课中的多元化思考。整个备课研讨活动，气氛紧张，老师们通过激烈的交锋、热烈的讨论，以及李金禄校长精巧的引领，巧妙地解决了备课中存在的问题。5月16日上午，孙洁和邓玲威两位老师分别执教了三年级语文下册《海底世界》第一课时、第二课时。课后，所有听课教师各抒己见，对两节课进行及时分析与评价。李金禄校长肯定了本次教研活动有进步、有创新，体现了老师们的力行精神。他还提出了五个注重，即注重文本、注重小结、注重板书、注重备与教的结合以及注重阅读教学的方法。此次"力行课堂"课题中期研训活动，体现了语文教师合力同行、竭力而行的精神。

5. 课题组成员除了每学期完成一篇课题研究阶段性小结外，还能编写一篇突现课题研究的教案案例、教学随笔、论文。其中，王凤莲老师撰写的论文《浅谈低年级学生课外阅读的指导》在 CN 刊物《学校教育研究》2018 年第 10 期上发表，黄凤英老师的论文《对新课改下小学语文阅读教学的几点体会》在 CN 刊物《语文课内外》2019 年第 15 期上发表，叶芳老师的论文《小学阅读教学有效性探究》在 CN 刊物《语文课内外》2019 年第 15 期上发表。

6. 随着"力行课堂教学模式"的推进，我校教师在课堂教学方面也获得了可喜的成绩。课题组成员王凤莲的录像课《长大以后做什么》，在 2018 年"一师一优课，一课一名师"县级评选活动中获一等奖；在第十四届福建省三优联评活动中，曾翠彬老师的微课《百分数》获市级三等奖；在三明全市中小学教师微课制作比赛中，李晓雁老师的《梯形的面积》获市级二等奖；在明溪全县中小学教师教学技能比武活动中，温晓晓、吴文秀、张婧获一等奖，方铭、胡慧、陈思璐、李晓雁、巫笛、李晓雁等老师获二等奖。

7. "力行课堂教学模式"的研究这一课题的实施，转变了教师的教育教学行为，转变了学生的学习方式，提高了课堂效率，使我校的教学质量大大提高。

(四) 主要创新点

1. 深化教育改革，大力推进素质教育，将过去以应试为目的、以传播知识为手段的"填鸭式"传统教学模式，转变为引导学生自己努力、动手操作和实践、合作探究为主的教学模式。

2. 倡导"力行"教育，以"力行"思想为引领，构建"力行"课堂教学模式"两学一引"，并将"两学一引"提炼升华为"三学一引"。

"三学",即"自学""互学""研学"。自学,就是学生带着学习目标、任务,独立学习思考,或读文章,或看例题,或动手操作,让学生通过自己的努力来完成学习任务。互学,就是在课堂上,针对学习内容和学习要求的需要,采取的学生同桌之间、小组之间或全班同学之间的合作学习。研学,就是师生智慧共同作用下,重学巧引地进入深层次、深入性的研究性、探究性学习。学生或精读文本,或研究问题,或动手操作实践,或共同探讨,来解决疑难、突破重难点,从而促进学生思维发展和创新精神的形成。

"一引",即教师的引发、引导,通过对学生在自学和互学过程中产生的疑难问题进行精当、巧妙的引导,对错误的进行更正,对学生理解较为肤浅的地方加以深化。

(五) 课题研究中存在的问题

在课题组成员的共同努力下,研究已取得了明显的成效,但还只是停留在较为浅显的层次,还存在一些问题有待解决。

1. 首先,表现在班级小组合作学习的效率上。教师在让学生小组合作时,由于学生个体差异,有些孩子主动性较强,有些孩子主动性较弱,有些孩子只是充当倾听者的角色,并没有真正动手参与实践操作或是解决问题,只是一个被动的施受者。小组合作学习的效率有待提高。要让每一个孩子都真正主动学习,我们还有一段路需要走。

2. 个别教师在开展研究的过程中过于注重形式,无效的教学活动掩盖了对文本的理解,整节课看起来热闹,其实学生缺乏有价值的思考,收获甚浅。教师在课堂中如何精教巧导,如何进一步培养学生特别是学困生的自学能力,还是一个长期的研究内容。

3. 本课题研究成果主要通过课题总结报告、教学研究论文等形式呈现。但是,如何使这些成果能够深刻体现设想中"力行"课堂的教育思想,真正落实到日常具体教学过程中,还是一个研究的难点课题。

(六) 下一阶段研究计划

1. 实施时间：2019年7月至2020年6月。

2. 实施目标：全面推广"三学一引"课堂教学模式，全校教师能基本达到对"课前自学—检查自学—互学交流—合作研学—巧引探究—拓展延伸"课堂教学程序熟练驾驭，提高课堂教学效益。

3. 实施内容

(1) 由负责人组织学习"力行"课堂教学模式"三学一引"相关资料，转变学生的学习方式，改变观念。

(2) 了解和熟悉"三学一引""力行"课堂教学模式和课堂教学程序；积极探讨与本学科相适应的"力行"课堂教学模式，基本掌握模式与程序，提高课堂质量，实现思维活跃、收获丰厚的课堂效果。

(3) 整理研究思路，全面实施，完善研究方案，分学科组织教师上研究课，组织课题组成员观摩、研讨，及时总结研究的成果，撰写研究中期报告、阶段性研究论文，收集编辑优秀教案和课件。

4. 具体措施

(1) 根据本次活动的周期性计划，实验教师必须从"三个一"抓起，即从每一个实验的班级抓起、从每一节课抓起、从最后一名学习基础差的学生抓起，力争使每一个学生都会学习、能学习。

(2) 灵活地运用"三学一引""力行"课堂的教学模式。在课堂教学中能运用"课前自学—检查自学—互学交流—合作研学—巧引探究—拓展延伸"的教学模式。辩证地处理教和学的关系，把学放在首位；辩证地处理学生和教师的关系，落实学生的主体地位。

(3) 教师应相信每一位学生都可以教好。积极辅导学习基础差的学生，力求做到因材施教。教师讲课的起点是学习基础差的学生，提问重点也是学习基础差的学生。

(4) 实验教师应经常汇报试验的开展情况，将实验过程中的深刻感受或棘手问题做好教学后记，定期与课题组成员交流意见，随时修改方案中的不足之处。

（5）11月下旬开展一次以"力行"课堂教学模式为主题的片区教研活动，将我校的课题研究成果推广到片区内的兄弟学校。

（6）实验教师必须制定完整的课题阶段计划，定期上好每月的课题研讨课，学期末要对本学期的课题研究工作进行阶段总结、反思。

（七）预期成果

1. 研究结题报告。

2. "力行课堂"教学新模式"三学一引"。

3. 教学成果（教学论文、教学设计、教学案例、教学反思、师生小故事、心得体会等）编辑成册。

4. 课件、教具等相关材料整理归档。

5. 示范课音像制品。

二、"力行"课堂教学课题中期研讨活动

（一）集体备课观摩研讨和"力行"课堂课题中期研训活动

1. 活动方案

关于开展明溪县李金禄名校长工作室集体备课观摩研讨和"力行"课堂课题中期研训活动的通知

各小学：

为认真贯彻《语文课程标准》精神，深入探究小学语文阅读教学有效途径和方法，提高小学语文教师的教学能力，提高集体备课的实效性，推进"力行课堂"教学模式的研究工作，展示课题阶段性研究成果，经研究，决定开展明溪县李金禄名校长工作室集体备课观摩研讨和"力行"课堂课题中期研训活动。现将具体事项通知如下：

1. 活动主题与内容

(1) 主题：加强教学管理，强化集体备课

(2) 内容：集体备课、课例观摩、专题讲座、互动研讨

2. 参加对象

(1) 李金禄名校长工作室成员

(2) 明溪县第二实验小学总校全体语文教师，瀚仙校区部分语文教师

(3) 城关中小、盖洋中小、夏坊中小和枫溪学校的语文教研组组长

3. 活动时间地点

(1) 时间：2019年5月14日下午（星期二）、16日上午（星期四）

(1) 地点：明溪县第二实验小学录播室

2. 活动安排

明溪县李金禄名校长工作室集体备课观摩研讨和
"力行课堂"课题中期研训活动安排表

时间		执教（讲座）者	单位	课题	地点
5月14日下午	第一节课（2:30—3:10）	林珠丹	明溪县第二实验小学总校	《加强集体备课，提高课堂实效》	明溪县第二实验小学录播室
	第二节课（3:20—5:00）	廖菊清	明溪县第二实验小学总校	《走进奇妙的世界》文本解读	
5月16日上午	第一节课（8:20—9:00）	孙洁	明溪县第二实验小学总校	三年级语文下册《海底世界》第一课时	
	第二节课（9:30—10:10）	邓玲威	明溪县第二实验小学总校	三年级语文下册《海底世界》第二课时	
	（10:20—11:00）	与会教师互动研讨			

3. 完整简讯

为认真贯彻《语文课程标准》精神，深入探究小学语文阅读教学有效途径和方法，提高小学语文教师的教学能力，提高集体备课的实效性，推进"力行"课堂教学模式的研究工作，展示课题阶段性研究成果，我校开展了明溪县李金

禄名校长工作室集体备课观摩研讨和"力行"课堂课题中期研训活动。

2019年5月14日下午的第一节课，林珠丹老师与各位语文老师交流了4月份参加厦门市海沧区教师进修学校附属学校"集体备课展示"和"课例教学研修，课堂教学专题"观摩活动的心得体会——《加强集体备课，提高课堂实效》。她从"深入文本，备教学资源的开发和利用""优化学习方式，选择适合学生的教法""创新备课方式，优化教学设计""集备常态化，教研定期化"四个方面，谈了"集体备课集智慧，课堂教学讲实效"这一看法。最后，表达了自己的观点：教师要具有终身学习的理念。

林珠丹老师谈"厦门之行"

第二节课，廖菊清老师给大家展示了三年级下册第七组课文的集体备课。她深入浅出，紧扣本单元的主题"整合信息，学会表达"，从备单元目标、单元重难点再到每课的教学目标、重难点、教学设计，详细主讲了《海底世界》一课的教学设计，为大家展示了备课中的多元化思考。

廖菊清老师展示三年级集体备课

整个备课研讨活动，气氛紧张，老师们通过激烈的交锋、热烈的讨论，以及李金禄校长精巧的引领，巧妙地解决了备课中存在的问题。

集体备课中的思考，如何在课堂上得到落实呢？鲜活的课例最有说服力。5月16日上午，孙洁和邓玲威两位老师分别执教了三年级语文下册《海底世界》第一课时、第二课时。两位年轻教师教态亲切自然，注重挖掘语言文字，紧紧抓住课文的重点和难点，以生为本，以疑为线，以读为主，以拓展为目标，通过正确流利、有感情地朗读课文，使学生在读中感悟、读中理解。课后，所有听课教师各抒己见，对两节课进行及时分析与评价，在指出问题的同时，共同商讨解决办法，明确下一步的努力方向。

最后，李金禄校长总结了本次的教研活动，肯定了本次教研活动有进步、有创新。为了让本校集体备课到教学课例研讨更加扎实有效，李金禄校长提出了五个注重，即注重文本、注重小结、注重板书、注重备与教的结合以及注重阅读教学的方法。他希望各位语文教师在合力同行的校风下，助推我校的语文教学更上一个新台阶。

4. 优秀案例

《海底世界》教学设计（第二课时）

明溪县第二实验小学　邓玲威

【教学目标】

1. 学习课文第四、五自然段，明白作者是如何围绕一句话（中心句）把事物写具体的。

2. 体会文章语句的生动有趣，以及在表情达意方面的效果。

3. 联系生活实际，选择一个事物进行具体描写。

【教学重难点】

1. 教学重点：学习作者是如何围绕一句话（中心句）把事物写具体的。

2. 教学难点：联系生活实际，选择一个事物进行具体描写。

【教学过程】

（一）复习旧知，导入新知

1. 同学们，通过上节课的学习，我们领略了海底世界黑中有光、静中有声的奇异景象。这节课，我们将继续学习课文，去探索海底世界的奥秘。

2. 课文还抓住哪些方面来描写海底世界？

（二）顺学而教，感受语言

（出示图片）

1. 动物活动方法

要求：快速浏览第四自然段，并思考：这段介绍了几种动物的活动方法？（注意找出关键词，作批注）

2．出示学习单，让学生借助表格感受动物活动方法的不同。（小组交流合作）

动物	活动方法

3．小组派代表进行汇报

小海参：慢，是从哪里看出来的？每小时只能前进4米。（列数字）

（指导朗读）师：是啊！从你的朗读声中，我觉得这个海参爬得太慢了，真替它着急。谁再来读读。（指名读，齐读）

梭子鱼：快，几十千米，比火车还快。（列数字，作比较）你来读读，把它速度快的特点通过读表达出来。

章鱼与乌贼：向前喷水，利用反推力。

贝类："还有些贝类自己不动，却能巴在轮船底下做免费的长途旅行。"

师：在这句话中，老师觉得有个字用得特别好，你们能够找出来吗？

（解释"巴"的意思：紧紧地吸附着。一个"巴"字，让我们仿佛看到这些贝类紧紧地吸住船底，生怕自己被落下，多么可爱啊！"免费"二字，形象生动地写出了贝类的运动状态。感受贝类的聪明，怡然自得。）

（4）海底动物的活动方法还有很多。请同学们仔细观察，看看视频中的这些动物又是如何活动的？待会儿请同学们来交流一下。（出示海龟，小丑鱼活动视频）

师总结：说得真好！海底动物种类上千万种，它们的活动方法也是多种多样。有机会，你们还可以多去欣赏欣赏。

师：海底动物的活动姿态各异，海底的植物又是怎样的呢？

2．植物差异

从颜色、大小两个方面进行比较。（抓住最大、最小）

师总结：是啊！作者从这两个方面来写出海底植物的差异。而这多种多样的植物，把海底点缀成了一个景色奇异、物产丰富的世界。

3. 矿产资源

(1) 课文到这边就结束了吗？海底还有哪些东西呢？

生：丰富的矿产资源。（种类多、数量多）

师总结：是啊！要不然作者怎么会说海底是个物产丰富的世界呢。

（三）拓展延伸

师：同学们，通过学习，我们知道了第四、第五自然段都有一个中心句。像这样围绕一个中心意思写一段话，在前面我们也接触了不少。老师这儿还有一个小片段。

（出示片段，了解写法）

师：作者描写的菊花有什么特点？他又是从哪些方面突出菊花的这个特点的？（颜色、形态）

（四）妙笔生花

选取下面图片（略）所展示的某个场景，试着从颜色、大小、外形、活动方式等中的某个方面进行描写，突出特点。（指名学生交流，此处图略）

（五）总结全文

（六）布置作业

【板书设计】

23. 海底世界

总　　　　　？

分　｛宁静　窃窃私语
　　　黑暗　光点闪烁
　　　活动方式　爬　游　喷　巴
　　　植物差异　颜色　大小

总　　矿产丰富　种类　数量
　　　景色奇异　物产丰富

(二)"福建省义务教育教改示范性建设学校"项目阶段汇报暨教育教学开放活动

1. 活动方案

关于开展明溪县第二实验小学"福建省义务教育教改示范性建设学校"项目阶段汇报暨教育教学开放活动的通知

各小学：

为了进一步推进福建省首批义务教育教改示范性建设学校的培育工作，搭建学校交流联动平台，共享教育教学改革成果，扩大教改示范性建设学校培育项目阶段成果的示范辐射作用，经研究，决定开展明溪县第二实验小学"福建省义务教育教改示范性建设学校"项目"立足特色校本课程 构建时代育人模式"的阶段成果汇报暨教育教学开放活动。现将有关事项通知如下：

1. 活动时间

2019年11月28日（星期四）

2. 活动地点

明溪县第二实验小学学术交流中心

3. 活动主题

"立足特色校本课程 构建时代育人模式"项目阶段汇报

4. 参加对象

(1) 县每所小学根据活动内容各安排3名教师代表参加

(2) 教改项目团队成员

(3) 县教师进修学校相关学科教研员

5. 活动内容

(1) 课堂教学展示

(2) 学生经典诵读展演

(3) 参观教改成果展

(4) 互动交流

2. 活动安排

明溪县第二实验小学"福建省义务教育教改示范性建设学校"
项目阶段汇报暨教育教学开放活动安排表

时间		内容	授课教师及讲座人	负责人或主持	地点
11月28日	上午 第一节（8:20—9:00）	四年级课外阅读交流课——《鼹鼠的月亮河》	王凤莲	黄凤英	明溪县第二实验小学学术交流中心
	大课间（9:00—9:30）	第三套国学操展示	各班级学生		
	第二节（9:30—10:10）	"力行"课堂教学展示 四年级数学广角——优化《沏茶问题》	李晓雁		
	第三节（10:20—11:00）	"力行"课堂教学展示 校本课程《脚背正面运球》	林芬		
	第四节（11:10—11:35）	互动交流	与会教师		
	下午 2:30—3:10	参观教改成果展	张时兴		
	3:25—4:05	风展红旗如画——经典诵读展演	王凤莲		
	4:20—4:40	领导讲话			

3. 完整简讯

为了扎实推进福建省首批义务教育教改示范性建设学校培育工作，及时总结项目建设的中期成果，扩大教改示范性建设学校育人模式的示范辐射作用，根据明溪县教育局的工作安排，明溪县第二实验小学于11月28日开展了"福建省义务教育教改示范性建设学校"项目阶段成果展示活动。明溪县教育局初教股股长黄雪珍、督学汤必文和明溪县教师进修学校教研员邱怡芳、林金香等亲临活动现场指导，来自兄弟学校的领导、教师及本校教师、学生家长共 90 余人参加了此次活动。

此次汇报活动围绕"立足特色校本课程 构建时代育人模式"这一主题进行,包括课堂教学展示、教学研讨、学生活动展示、参观教改成果展、教改项目中期汇报等五个篇章。

篇章一:课堂教学展示

上午,王凤莲、李晓雁、林芬三位老师分别展示了三节观摩课。第一节,是由王凤莲老师执教的四年级课外阅读《鼹鼠的月亮河》交流课。她设置了闯关游戏,环环相扣、层层推进,引领学生交流自己的阅读感受。整节课,教师非常注重阅读方法的指导,通过品读、感悟、想象,引导学生感受童话故事里人物的形象,体会童话故事的特点,感悟其中蕴含的美好情感,激发了学生的阅读兴趣。本节课是我校课外阅读教学的缩影。

王凤莲老师执教《鼹鼠的月亮河》

第二节,是由李晓雁老师执教的四年级数学广角——《沏茶问题》一课。课堂以感恩节为契机,以"评选孝道之星"为情境,围绕三个感恩任务,让孩子们在自学、互学、研学中寻找解决问题的最优策略,体验统筹思想的作用。教师一个个有效的问题引导孩子们思考,一句句激励的话语鼓励孩子们发问,一个个生动的情境让孩子们感受到数学源于生活、用于生活。整节课,孩子们在轻松和谐中放飞思维,在幸福快乐中锤炼思想。

第三节,是由林芬老师执教的校本特色课《脚背正面运球》。该课展示了我校体育校本课程教学的特色。她本着培养学生的足球兴趣,发展快乐足球,推广校园足球的理念。整节课思路清晰,教师讲解精练,场合布置合理。通过诱导性尝试，让学生通过自学、合作、研究学习，充分激发了学生学习足球的兴趣。

三节展示课都运用了我校"力行"课堂"三学一引"的模式进行教学，以学生为中心，充分发挥学生的主体作用，将课堂还给了学生，展示了我校《"力行"课堂教学模式的研究》这一课题所取得的阶段成果。

林芬老师执教《脚背正面运球》

篇章二：教学研讨

三节展示课后，全体与会教师分语文、数学、体育三个会场进行教学研讨。与会教师围绕课堂实际各抒己见，既充分肯定了我校"力行"课堂"三学一引"这一教学模式在培养学生的自主学习、实践探究方面所取得的成效，又中肯地提出了自己的建议与思考。

教师交流研讨

篇章三：学生活动展示

大课间，全校学生在大操场进行了第三套国学操的展示。学生们在充满韵律的节奏中，一边诵读古诗，一边做着各种舞蹈动作，已然成为学校操场上的一道亮丽的风景。

下午，在学术交流中心进行了"风展红旗如画——经典诵读展演"活动。学生们通过诵经典、唱经典、演经典，再现了古人生活场景，重温了红色经典，在诵读中感受民族厚重的文化底蕴，提升语文素养。

篇章四：参观教改成果展

与会人员在学校教改领导小组成员的陪同下，参观了我校力行园里的国学、体育、科技教育成果展板，还参观了我校力行馆。力行馆中的科技长廊内，学生的科技小制作琳琅满目，模型制作室、标本馆和科普馆引起了大家的浓厚兴趣。丰厚的教改成果冲击着与会人员的视觉，他们对我校的"三大"特色教育所取得的显著成效表示震撼，特别是对我校科技教育取得的丰硕成果表示惊叹。

篇章五：教改项目中期汇报

最后，由学校教研室主任黄凤英作了教改项目的中期汇报。她从教改项目的培育机制、方案设计、建设措施、特色亮点、辐射引领、经费使用、下阶段思路与整改措施等方面作了全面的汇报。

明溪县教育局初教股股长黄雪珍对本次活动作了指导性讲话。她充分肯定了我校在教改示范性建设学校项目培育工作方面取得的成果，同时还提出了下阶段的工作建议：1. 扩大科技教育知识普及面，拓宽学生知识视野，提升大科技观，增强师生的品牌意识。2. 加大教改项目的宣传力度，扩大特色课程在全县的影响力。3. 理清当前存在的问题，制定相应的整改措施。

教改项目负责人李金禄校长表示，我校将以此作为一个新的起点、新的出发，充分发挥省教改示范校的引领辐射作用，为明溪教育贡献应有的力量。

本次汇报活动充分展示了我校教改示范性建设学校的阶段研究成果，对兄弟学校起到了很好的示范辐射作用。我们坚信：在上级领导的关怀下，在全体教师的努力下，紧紧围绕"立足特色校本课程　构建时代育人模式"这一教改项目，在落实国家课程的基础上，结合"三大特色"教育，定会培养出符合新时代需求的人才！

4. 优秀案例

《脚背正面运球》教学设计

明溪县第二实验小学　林芬

课程内容	1. 脚背正面运球 2. 游戏：运球进堡垒	教学重点	触球腿屈膝上提，踝关节用力使脚尖下指。
		教学难点	步幅小，脚背向前推拨球的位置和力量。

教学目标	（一）知识和技能目标：知道脚背正面运球的动作方法，初步掌握脚背正面运球的动作技术，会在走动中运球。 （二）体能目标：通过教学，发展学生的力量、灵敏和协调素质，促进身体机能水平的提高。 （三）情感目标：愉快地参与学习，大胆尝试和运用技术，培养学生的团队意识和对足球运动的兴趣。

课程结构	教学内容	教学组织形式、步骤与要求	运动负荷		
			次数	时间（分钟）	强度
开始与准备部分	一、课堂常规 1. 集合整队，检查人数 2. 师生问好 3. 导入课程内容及要求 4. 安排见习生 5. 强调练习安全及安全间距	一、组织：（图1） （图1） 要求：精神饱满，做到快、静、齐。	1	2	小
	二、各种方式的跑 1. 半高抬腿跑 2. 侧滑步跑 3. 提膝垫步跑	1. 教师领学生做各种姿势的跑，示范动作方法，学生跟教师一起做。教师语言提示要领。 2. 学生围着面前两个标志物进行各种跑的练习。每个动作做1组。 要求：教师给予提示，学生在跑动过程中注意保持距离，防止受伤。	1	2	中上

续表

	三、足球带动跳（球性模仿操） 1. 脚底揉球 2. 脚底绕球 3. 脚踩球 4. 左右拨球 5. 侧拉球	1. 在音乐伴奏下，人手一球，模仿教师进行动感球操热身。 要求：跟随节奏，潜心模仿，动作到位，情绪高涨。	4×8拍	3	中
开始与准备部分	一、快乐的"悠悠球"（脚背正面运球） 1. 尝试自主学习用踢"悠悠球"的方法，体验脚背正面运球 动作方法：身体保持正常跑动姿势，上体稍前倾，步幅适中，运球腿屈膝提起，髋部前送，脚背紧绷，脚尖向下，用脚背正面部位接触球的后中部，推送运行。 口令：一上二提绷三推送 (1) 原地做脚背正面运球动作练习 (2) 走动中做脚背正面运球动作练习（两脚交替练习） 口诀：一上二提绷三推送	1. 教师提出问题并示范脚背正面运球的动作，学生带着问题认真观察。 2. 学生回答问题。 3. 教师讲解示范脚背正面运球动作方法及要领，学生仔细观察。 4. 学生听口令原地进行模仿练习。 5. 学生解开足球上的扣，体会触球感觉。 6. 学生听口令进行走一步，走三步上前脚背正面运球动作练习。师巡视，指导，鼓励。 要求：身体重心低，正对运球方向。 步幅小，屈膝上提，脚尖下肢。 推送向前，动作协调。 组织：如图1，加大前后间距。	10 5 5	21	中

续表

开始与准备部分	2. 合作学习踢"悠悠球" 触球脚的异侧手持绳于前方一臂距离，球触地。触球脚的脚背正面触球的后中部，将球推送向前，连续推送球，球不离地，亦可两脚交替进行。	1. 教师讲解示范动作方法，强调要求。 2. 两人一组，一人学，一人教评，交换进行。 3. 教师点评学习结果，表扬、鼓励。 4. 优生展示，师生点评。 要求：积极参与，遵守规则。 脚背触球，球不离地。 推送向前，切忌击球。 组织：两人一组，如图1。	3	中上
	3. 慢跑中做脚背正面运球	1. 教师示范讲解动作方法。 2. 学生分组练习，教师巡视指导。 3. 教师小结点评。	2	中上
	二、运球进堡垒 方法：将学生分成人数相等的四队，将球运到对面，用脚把球运到圈里，空手跑回来，拍手接力。最快运完的组胜。	1. 教师讲解游戏方法，强调比赛规则。 2. 学生分组尝试练习一次，师巡视指导。 3. 分组进行比赛，师提示、鼓励。 4. 点评比赛结果。 要求：遵守游戏规则，团结协作，注意安全。	1	8	中上
恢复整理部分	1. 放松练习 2. 总结布置课后练习 3. 收拾器材 4. 师生再见	1. 教师带领学生随音乐做身体各部位静力拉伸放松。 2. 教师总结、讲评、布置作业。 要求：身心充分放松，认真小结本课重点。 组织：散点，保持间距。	4×8拍	4	小
场地器材	1. 足球场一片 2. 每人一粒足球 3. 每人一个足球网兜 4. 呼啦圈4个、标志盘若干	运动负荷预计	练习密度：40%左右 平均心率：130—140次/分钟 最高心率：140—150次/分钟
课后反思			
家庭作业	1. 身体素质练习：跳绳150次×3组 2. 复习脚背正面运球动作		

【课后反思】

本课设计的基本理念是：培养足球兴趣，发展快乐足球，推广校园足球。整节课思路清晰，教师讲解精练，重难点把握准确，场合布置合理。课堂中充分运用"三学一引"，充分将课堂还给学生，充分发挥学生的主体作用。通过诱导性尝试，让学生通过自学、合作、研究学习，充分激发学生的足球兴趣，调动学生学习技能的积极性。

本节课教学让学生知道，通过小组合作的形式进行足球基本功练习，能建立良好的人际关系。在教学中，充分利用教学评价，更能激发学生学习的积极性，使学生得到不同程度的成功。本课收到的效果也很好。

实施新课标下的体育教学，建立"三学一引"的"力行"教学评价模式，即教学评价的关注点转向学生在学习中的自主学习、交流合作、参与热情、情绪体验和探究思考的过程，分学习态度和学习态度的转变、自评、互评、师评。

这堂课本着精讲多练的原则，能够抓住教学的重点、难点，同时抓住一条线路进行展开教学。每堂的教学具体模式基本都是一样，就是每堂课的教学细节需要深入地研究和探讨，要关注和提高的恰是教学的细节问题。而我这节课，细节上也存在了许多的不足。比如在教学的过程中，首先，讲解和自学时如果能够利用挂图，可以让学生更直观地学习，减少老师说的时间；其次，运球时一定要更直观地把运球原则提出，让学生更有目标。最后，就是在学练的过程中再大胆些，让学生充分自主地练习，提高触球率。

总之，这节体育课完成了具体的教学任务和目标，是一节很实在的体育课。

(三) 集体备课与"力行课堂"观摩研训活动

1. 活动方案

关于开展集体备课和"力行课堂"观摩研训活动的通知

各中、小学：

为推动我县中小学集体备课活动的有效开展，凝聚团队智慧，提升集体备课质量，发挥我县省级教改示范性建设学校的引领和示范作用，经研究，决定在明溪县第二实验小学开展集体备课和"力行课堂"观摩研训活动。现将具体事项通知如下：

1. 活动主题

加强集体备课，构建"力行"课堂

2. 活动内容

(1) 集体备课。

(2) 课例观摩。

(3) 互动研讨。

(4) 专题讲座。

3. 活动时间与地点

(1) 时间：2019年12月12日至13日。

(2) 地点：明溪县第二实验小学学术交流中心。

4. 参加对象

(1) 各校教务主任或教研室主任、语文教研组组长、数学教研组组长。

(2) 明溪县第二实验小学全体语文、数学教师。

(3) 明溪县教师进修学校副校长、中小研室主任及相关学科教研员。

2. 简讯摘要

为凝聚团队智慧，提高集体备课的实效性，促进年轻教师的专业成长；同时，也为了进一步推动省"十三五"规划2019年度课题《力行教育思想的研究》这一课题研究工作,将"力行"课堂教学模式推广辐射至全县中小学,12月12日至13日,明溪县第二实验小学在该校学术交流中心开展了为期一天半的集体备课和"力行"课堂观摩研训活动。参加此次活动的有明溪县教育局初教股股长黄雪珍,县教师进修学校校长谢世春,县一中校长谢斌、副校长陈永明、饶炳生,县教师进修学校分管中小研室副校长、中小研室主任、语数学科教研员,以及来自全县中小学的教务处(教研室)主任和第二幼儿园教师代表与本校全体语数学科教师共200余人。

活动围绕着"加强集体备课,构建'力行'课堂"这一主题进行,内容包括集体备课、课堂展示、教后研讨、模式介绍、领导指导等五个篇章。

章一:集体备课

12月12日下午,进行的是语数教研组的集体备课展示。首先是语文专场,由黄凤英老师作了题为"聚焦语文要素 紧扣人文主题"的单元主讲。她从单元教材分析、单元总体目标、单元教学重难点和紧扣语文要素突破重难点等四个方面,进行了细致的解读。接着,由童倩、廖林杰两位老师对第二天要展示的课例《忆读书》进行说课。而后,语文组的所有老师针对单元主讲和课例说课的内容进行热烈的研讨。他们聚焦如何突破本篇课文的重难点、落实语文要素,各抒己见,有问题的提出,有教法的质疑,有方法的共享……整个研讨气氛紧张而热烈。在这样的讨论中,两位执教老师对个人的初案进行修改和完善,使之更趋科学、合理。

紧接着是数学专场,由张秀珠老师作了题为"感悟转化思想 发展空间思维"的单元主讲。她从单元的内容及课时安排、单元内容的前后联系、单元教学目标、单元教学策略等四个方面,解读了本单元的教材。接着,由涂晓艺老师针对本次集体备课的课例《平行四边形的面积》进行说课。随后,数学组全体教师展开了集体研讨。整个研讨过程,教师们仁者见仁、智者见智,不断碰撞出思维的火花。最终,在主持人巧妙的引领下,集齐大家的智慧,合力解决了备课中存在的问题,并优化了教案,形成共案。

篇章二：课堂展示

集体备课最终的成果，需要课堂来展示。执教老师博采众长，连夜修改完善教学设计，于12月13日进行了课堂展示。上午进行的是语文课例《忆读书》一、二课时的展示，由童倩与廖林杰两位年轻的教师执教。课堂上，他们教态亲切、自然，紧扣单元语文要素展

张秀珠老师作数学单元主讲

开教学。他们采纳了老师们提出的建议，引导学生在课堂上潜心自学文本、互相交流读书的感受与好处，引导学生深入文本研学，寻找、概括读书方法，用图表法梳理信息，让学生明白"读书好，多读书，读好书"的道理，突破了本课的教学重难点。

下午，涂晓艺老师执教了《平行四边形的面积》一课。课堂上，趣味拼图游戏设下铺垫，主题图的问题情境激趣导入，通过数、剪、移、拼，在自学、互学、研学中推导出平行四边形的面积计算公式，渗透"转化"思想。学生在猜想、验证、应用中建立数学模型，发展数学思维，培养实践能力。学生在操作中体验，在体验中感悟。

涂晓艺老师执教《平行四边形的面积》

在三位年轻教师的课堂教学中，我们随处可见集体备课中盛开的"智慧之花"，学生们享受到了最优化的教学过程，我们再次感受到了"集体备课"

的魅力所在。

篇章三：教后研讨

"教学永远是一门缺憾的艺术。"三位年轻教师在教学中也存在着一些问题，因此教后的反思和研讨尤为重要。三节展示课后，语文、数学教研组分别进行了教后研讨。先由执教教师针对自己执教的课例进行反思，接着老师们针对集体备课后展示的课堂进行分析与评价。他们既肯定了教师的教学能紧紧抓住重难点，同时又指出课堂中存在的一些问题，共同商讨解决问题的办法。兄弟学校的领导和教师也参与其中，整个研讨氛围浓厚、气氛热烈。研讨期间，黄雪珍股长、县教师进修学校副校长曾才英、张水莲、杨雪梅分别作了精彩点评。

篇章四：模式介绍

活动最后，李金禄校长作了集体备课模式及"力行"课堂教学模式的经验介绍。首先，他从集体备课的概念、意义、流程、成效等四个方面对集体备课的模式作了介绍，详细解说了集体备课的流程，即个人初备—备课组集备—教研组集备（单元主讲—执教说课—集体研讨—研成共案）—修改完善—课堂展示—教后研讨。接着，他从"力行"思想的基本概念，"力行"课堂提出的缘由、基本理念、基本模式等方面进行了介绍，重点阐述了"力行"课堂"三学一引"（自学、互学、研学、教师的引导）的教学模式，使我校的"力行"课堂教学模式得以在全县推广。

李校长做集备与力行课堂教学模式经验介绍

篇章五：领导指导

会上，黄雪珍股长作了发言。她说，此次集体备课及"力行"课堂观摩研训活动的目的、意义明确，形式有创新。她还对全县中小学提出要求，各校要强化校本教研，促进教师成长，推动校本教研在点上深化、在面上开花。

最后，谢世春校长从充分认识集体备课的重要意义、当前中小学集体备课存在的问题、提高中小学教师集体备课实效性的建议等三个方面作了总结发言。

此次集体备课及"力行"课堂观摩研训活动，不仅展示了我校集体备课的成效，向全县推广了集体备课和"力行"课堂"三学一引"的教学模式，还充分展现了我校教师合力同行的精神，这是"力行"教育思想内化于心、外化于行的表现。

3. 优秀案例

《平行四边形的面积》教学设计

明溪县第二实验小学　涂晓艺

【教学目标】

1. 结合具体情境，通过操作活动，经历推导平行四边形的面积计算公式并交流方法的过程。

2. 理解和掌握平行四边形面积计算公式，会运用计算相关图形的面积并解决一切实际问题。

3. 通过观察、比较活动，初步认识转化的方法，培养学生的观察、分析、概括、推导能力，发展学生的空间观念。

【教学重难点】

1. 教学重点：掌握平行四边形的面积计算公式，并能正确运用。

2. 教学难点：平行四边形面积计算公式的推导。

【教学过程】

课前的趣味拼图。

（活跃课堂气氛，渗透转化思想，为接下来的学习做铺垫。）

(一)创设情景,质疑自探

主题图故事导入方法。

情境:老师到一所美丽的校园去参观,这是校门口的平面图,让学生在上面找学过的图形。再由两个学生的争论,争论哪块花坛比较大?学生自然会联想到是计算两个图形的面积,但是也产生了认知冲突,平行四边形的面积不会求,从而引入今天的课题:《平行四边形的面积》。

【设计意图:通过创设情境,让学生复习了长方形的面积公式,使学生感受到数学无处不在,感受数学的魅力。同时,通过质疑"这两块地到底哪块大呢?",使学生产生求知的欲望,激发学生积极探索的兴趣。】

探索新知

1. 自主学习

(1)引导学生用数格子的方法来算出前面的长方形和平行四边形的面积,并让学生说一说怎样数和数的结果,组织学生对数的结果进行讨论(学生通过发现不难看出,平行四边形的底和长方形的长、宽和高、面积相等。)

【设计意图:本环节呈现带有方格的平行四边形,让学生凭借独立思考、同桌交流互评的渐进过程进行充分的自主探究,在亲历和体验中初步感悟计算平行四边形的方法。这样设计,为后面进一步学习面积公式做好铺垫。】

如果给我们很大的花坛,你还能用数格子的方法吗?

【设计意图:体会数格子的方法有限,为下面的计算方法做铺垫。】

请同学们猜想,平行四边形的面积可能和什么有关?该怎么计算?让学生带着这个思考题,进入探究平行四边形的面积计算的思维之中。

合作探究

在这一环节,我首先提出:可以把平行四边形转化成什么图形?(长方形)渗透转换思想,把已知转化成未知。

其次,我组织学生动手操作,小组讨论,观察拼成的平行四边形和长方形,你发现了什么?合作前,引导学生弄清合作要求,独立思考你打算怎剪拼再合作。

然后，小组汇报，学生交流。通过学具演示、问题质疑，引导发现底和长、宽和高、面积有什么关系，最后得出面积怎么求。

最后，通过多媒体的直观演示，再现推导的过程。

通过课件直观的演示，学生们的猜想是正确的。

【设计意图：在这个过程中，潜移默化地将等积转化的思想渗透开来。通过转化，在旧知基础上生长，而完成知识的自我构建与生成，突破了本课的教学难点。通过这样的教学让学生经历知识形成的过程，不仅使学生的动手能力得到提高，而且加深了学生对所学知识的理解。】

（3）课件出示另外两张剪拼的办法，教师一边演示、一边介绍。

【设计意图：多种方法的介绍，主旨不变，都是平行四边形转化成长方形，培养了学生的发散性思维，让优等生能吃饱！】

（4）学习用字母表示公式。

（5）学习例题1：注意平行四边形的面积计算的书写格式。

（4）小结：通过计算，我们知道平行四边形的花坛面积和长方形的面积是相等的。要知道平行四边形的面积，必须知道什么？

（三）巩固新知，拓展应用

练习设计如下：

1. 口算出下面平行四边形的面积。（课件显示图形）

【设计意图：培养学生迅速利用公式代入，计算平行四边形的面积，培养学生的代数思想。】

2. 选择正确计算平行四边形的面积的选项。

【设计意图：加强对概念的辨析，让学生找准对应的高进行计算，加强对知识的理解与掌握。】

3.（拓展研学）下图（略）中两个平行四边形的面积相等吗？它们的面积各是多少？能够画出多少个这样的平行四边形？

4.（拓展研学）把长方形拉成平行四边形，面积有什么变化？

【设计意图：培养学生的观察能力和思维能力。】

（四）共同反馈，自主总结

1. 向学生提出："本节课你收获了什么？"

2. 延学拓展：刘徽的出入相补原理。

【设计意图：通过交流学习所得，增强学生学习数学知识的信心，再次渗"转化"思想在学习数学中的重要性。】

【板书设计】

平行四边形面积的计算

长方形的面积＝长×宽

转化

平行四边形的面积＝底×高

例1：S＝a×h

　　＝6×4

　　＝24（平方米）

【教学反思】

反思本节课，有很多遗憾：

1. 课堂气氛不活跃，没能调动起学生踊跃参与课堂的积极性。学生可能是因为紧张，如果课上多一些激励的语言，让学生放松心情，课堂气氛会好一点。

2. 教学中生成处理有待提高。比如，有个学生在回答如何通过数方格的方法数出平行四边形的面积时，说"把满格先数，再把不满格地拼起来数"。这个过程中，我只按照了预设的方法说，直接忽略了这位同学的回答。

3. 有些引导语不是很贴近学生，有时候学生不会很快回答出来，需要思考的时间，或者不知道怎么回答——这是因为老师的引导语或者提问的表达方式不够恰当。

4. 在学生把平行四边形转化成长方形时，没有给学生充裕的时间展示不同的方法。后面两种知识在教师讲解中演示给学生看。

5. 最后一种方法，其实也是沿高剪，但是学生看不出来。在课件上如果把这两条线延长，学生就不容发展。

6. 原本预设在每组学生汇报时引导让学生发现关系，上完课后发现，如果在两组学生汇报完再追问为什么沿高剪等问题，学生会更加直观，对之间的关系会更清楚。

虽然本节课能以学生为主体、教师为主导，但后半部分的教学还存在着不敢放学现象，课堂上有效评价语言在本节课中也体现不够完善。

教学是一门有着缺憾的艺术。作为新教师的我，往往在执教后都会留下或多或少的遗憾。但我相信，只要我们用心思考、不断改进，课堂就会更加精彩。

（四）"停课不停学"线上教学研讨会

1. 活动方案

关于开展明溪县第二实验小学总校"提升线上教学质量"
专题研讨活动的通知

为进一步落实学校关于"停课不停学"的线上教学工作，提升我校、瀚仙校区、托管校的线上教学质量，经研究决定，开展一次以"提升线上教学质量"为主题的研讨活动。具体安排如下：

1. 活动主题

提升线上教学质量

2. 活动时间、地点

4月7日（星期二）下午2：30，学术交流中心

3. 参加人员

学校行政人员、全校语数英科任教师、李金禄名校长工作室相关成员、瀚仙校区执行校长、枫溪学校相关人员

4. 活动议程

（1）各备课组组长、教师代表发言

（2）瀚仙校区执行校长官水生发言

（3）李金禄名校长工作室成员盖洋中心小学校长汤永松发言

（4）李金禄校长总结点评

2. 简讯摘要

人间最美四月天，疫情渐散，春暖花开。为了进一步落实学校关于"停课不停学"的线上教学工作，更好地开展省"十三五"规划2019年度课题《"力行"教育思想的实践探究》这一课题研究工作，提高我校下一阶段线上学习的效率，4月7日，依托李金禄名校长工作室，在我校学术交流中心开展了"停课不停学"第四次线上教学研讨会。参加此次活动的有李金禄名校长工作室全体成员、《"力行"教育思想的实践探究》课题组全体成员、学校一至五年段语数英全体老师。

会议由教研室主任黄凤英主持，分别由语文、数学备课组组长代表以及个别优秀教师作了发言。他们分别介绍了自己备课组集体备课的情况、线上教学的流程、提高线上教学实效性的措施、线下教学的保障，同时还提出了一些问题以及解决办法。

三年段语文备课组组长王秀琴老师发言

他们的发言特色鲜明、亮点纷呈，不仅谈到了充分运用现代科技和手段、网络媒体资源实施线上教学，还提出了许多实用性强、操作性强、可推广的线下管理建议，使在场的老师对线上教学历经了由懵懂、茫然—认识、了解—逐渐清晰—熟练运用的过程。

瀚仙校区校长官水生交流线上教学经验

接着，李金禄名校长工作室的成员——瀚仙校区校长官水生、盖洋中小校长汤永松分别交流了自己学校线上教学的做法以及下阶段工作,为我校教师提供了可借鉴的他山之石。

最后,李金禄校长对老师们的发言一一进行点评,总结了五点做法进行推广,并对下一阶段的线上教学工作提出三个再提升的要求:笃定前行,线上教学再提升;迎难而上,线上教学能力再提升;精准施策,线上教学能力再提升。

此次开展的"停课不停学"线上教学研讨会,是省"十三五"规划《"力行"教育思想的实践探究》课题中的"力行"教育思想的又一次实践,充分体现了我校"力行"教育理念在老师的心中已深深扎根。有了李金禄名校长工作室的引领,课题组的成员以及学校老师们在线上教学这条路上的措施一定更加优化、方法一定更加得当、效率一定更高,走得必定更远、更久。

3. 优秀案例

三年级语文备课组提高线上教学效率的做法与经验

明溪县第二实验小学　王秀琴

对于目前的线上教学工作,我们年段以推送与直播相结合的方法进行线上教学,有以下几点做法:

1. 围绕教学目标,发挥集体备课的功能。

我们三年段备课组能充分发挥集体备课的功能,说实话在我走进教育行业这么多年,就这特殊时期,我们教师能长期真正的运用集体备课的这平台,集中大家的智慧进行备课讨论,因为我们大家都相信没有见面,只能通过组群集体讨论来进行备课及布置做作业,并经过实践后调整作业;平时在校教学每位教师都各自上自己的班级教学,各自布置班级的作业,极少讨论交流,因为每个人的手上的事都不少,因此,这疫情,对我们教师的成长也并不是坏事。在每两周前我就把集体备课的安排表做好,根据统一进度,6位教师每人主备两天的课程,主备老师要在两天前把课文备好,精选最好的资源和微课,并发送到本组备课群，大家一起审核，并讨论最后确定，然后大家统一采用，在这过程中，6位教育都能积极地配合并参与，有的教师发现有好的资源也会发到备课群，做到资源共享，每位老师能取长补短，在每一周后，根据实际情况进行调整，采用最适合的教学手段进行教学，力争让线上教学达到最好的效果。

2. 作业批改用心，以"鼓励"为主。

作业是检测学生线上学习的效果的最有效方法。我们年段的老师非常重视作业批改，做到当天的作业当天批改，就再迟凌晨也会批改完成，不漏下一位，我们老师面对的是50我个孩子，而在孩子和家长面前面对的是一位老师，所以，当我们老师十分慎重地对待孩子的作业时，大部分孩子也会认真地对待作业，这是相互作用的。我们年段每作业布置一天分两次：一次是早上的7点半发送的晨读内容早上8：00到8：20，每天的都指定不同学的内容，比如：有课文朗读，古诗词的背诵，课后词语的朗读，还有语文园地的朗读积累，有时会加入自己喜欢的课外书好段的朗读，朗读作业是学习在钉钉上直接录音形，我们老师会在上午前全部检验并给予评价，这项工作量非常大，每个同学有20分钟的朗读，所以我们主要以抽查听差生的录音为，并给予积极的鼓励点赞，然后对没有完成的追查进行落实，就是到晚上我也要他补上，不漏一个学生，我发现学生对不要动笔地采用电子设备的作业完成比较积极；还有次是完成当天的学习任务及作业，我们要求学生在上微课时，做好学习笔记，书本拍照提交；——在当天下午4点，我们年段老师会进行当天的作业进行直播讲评，如果有的学生没办法在那个时段上课，请让他们回去，有的学习上午很早就提交作业，我会要求学生在讲评后用红笔订正后，再重新提交，我进行统一批改，把错误的圈出来，比较重点的用语音留言或文字留言指正，或是打回让他订正，我对打回去的作业，都会进行私微家长，留言告诉他错在哪里，怎么订正，虽然作业打回了家长在钉钉上马上收到，但总有一些学生当作没有看到，如果没有另外私自微信留言强调，就会石沉大海，为了保证有以收效，我几乎全班的家长都加了好友，这样方便联系——；错得比较多的地方要在微信群里再次强调同学们集体订正。我们十分重视对学生作业的评价，毫不吝啬地使用鼓励性话语，积极表扬他们的进步之处，把做得好作业列为优秀作业。我设计了一张线上作业统计表，虽然钉钉上每天可以看到但，我每周一进行公布一次学生的提交作业情况，前评出上一周的10名线上学习优秀学员，5名进步的孩子，让家长看到孩子的整体情况，同时也可以看到孩子的进步，同时激励更多孩子学习，这一招是向二年级学习的。

上周一我们整个年段统一时间进行单元测试，利用钉钉的视频会议进行监考，我要求老师们在第二天之内完成在线上评改，统计分数，质量分析，年段的每一位老师都及时完成，并汇总上交教导处。

3. 有效地进行家校联系

这学期的线上教学时间这么久，对教学效果成败，有很大部分取决于家长的积极配合。针对作业质量不高或未完成的问题，这一点对我们年段老师来说面临的最大的困难，经过两个月来的线上教学，我们也不断地在总结经验和改进，虽然我们老师可以每天晚上在微信群里多次公布提交的名单，督促他们赶紧提交作业。但是每个班就是有几个顽固分子，他们无视你老师的信息。在这点上我花了不少的精力，我班上有两位孩子一个多月来几乎没有提交作业，有一位只交了一次，有一位从不提交，挂电话也不接，有一次我别人的手机，他接了起来应了一下，一听是我的声音马上不出声后面再多次挂就按了，然后每天还是不交作业，我这样就对他们妥协了没办法。到了3月下旬，当时学校说必要时可以上门家访，于是有一天晚上我就发出群公告：从明天开始对未提交作业的孩子进行逐个家访，其中一个孩子王某——吓了，当天晚上9点多就提交了作业，是这学期第一次提交，而且还是只做了一项作业，完成优化设计，另一项抄写词语就没做，我也就原谅了他，就算他有做，在群里鼓励他：今天做提交了作业，明天继续加油！老师等待你的进步。同时我也把鼓励的话语发给他爷爷爸爸还有他后娘，因为他长期与爷爷奶奶还有后妈在一起，爸爸在外打工。可是第二天，我发现到了晚上7点多，又是不交作业，我就又在微信私发催他，我知道王某手中有部手机，爷爷专门买给他上线学习的，可是他玩游戏入迷开学近两个月就是不提交作业，他爷爷说，他有上线学习，每天问他都说有交作业，都是在欺骗爷爷，8点多还没交，我又挂电话，我连续挂了6次，前5次他都按了，我就不放弃，我一定要把他挖出来，我打算一直拨下去，到第6次响了好几下，终于他爷爷肯接电话了，他是让孙子听，大概是被他爷爷训斥了，这孩子第一句就说王老师我现在就写作业，我说王老师知道你会做的，王老师晚上等你，你有什么问题我随时给你解答，你在学校的时候都是个好孩子，还会帮助同桌，你本来就是个聪明的孩子，如果不学习交你将来怎么实现你的梦想呢，他曾经说过长大要当一名军人。后来到了10点多他终于又提交作业了，做了三分之二，就算他有做作业。

只要他孩没提交作业，不上线学习，我每天都发信息给他爷爷还有外地的爸爸，还有后妈妈，我一天发几次，我告诉他们家长：不是老师有意为难你，我是领了国家工资，我要替你孩子负责，我不能让你孩子就这样天天玩着游戏混日子，你们不管，我要管，反正我要做到老师的职责，慢慢地他们可能有点感动，偶尔也会主动发信息给我说，王某还在做，迟点提交，如果9点后还没提交，我又微信催他，不断地催他，告诉他老师在等待他的作业。就这样现在每天他都会交作业了，虽然经常会留点没做完，总比不动笔好。

还有一位叫曾某，也是双留守孩，父母都在意大利，他以为我的要去家访的公告是吓唬人的，当天还是不做，第二天下着大雨，我要说到做到，就上他家去，结果去到他家房东说他搬家了，于是我就找到他的邻居张玉兰老师，张老师知道他搬家去哪，张老师很热情，我让张老师带路就找到他的新租的家，总算找到他了，他爷爷看到我去了，就问是不是我曾某又不读书了，我说是的，他爷爷每天问他都说有做作业，问他为什么天天骗爷爷，他说姐姐不给他用手机学习，原来这孩子不提交作业也是有原因的，她姐姐上初一，每天用手机学习，轮不到弟弟，再说弟弟本来就不好学的，姐姐不肯，正好有借口，于我就想先得把她姐姐搞定才行，跟老人说是没有用的，当时上午11点多了，她姐姐还在睡觉，我让她爷爷去把她叫起来，等了十几分钟才出来见我……我特意加了他姐姐的微，为曾某特别设计了作业，与同学不同，只要他每天读一篇课，两课词语2遍，然后写两课生字就行，每天定时9点提交朗录音，12点前提交生字就行。每天完成我都给他点赞，也给姐姐点赞私发她，这样连续几天都按时提交，我在她姐姐的微信中告诉她们，几天后，我带上礼物去你家奖励他们姐弟，就这样连哄带骗的，不是骗，几天后我真的买了水果还有礼物去他家，奖励她们，这段下来，每天作业都基本上交齐，有个别生病或有特殊情况的没及时交的，家长都会提前告知，明天补交，所以通过这段时期的线上教学工作中，遇到的种种困难，我坚信只要我们老师对学生不放弃，对自己的信心不放弃，办法总比困难多。

总之，特殊时期的线上教学工作，我们教师要比平时付出加倍的精力，要更加的有耐心和细心，才能把工作落到实处！

第四节 "力行"课堂教学课题结题活动

一、"力行"课堂教学课题结题报告

（一）课题研究情况说明

课堂教学改革一直是教育改革中备受关注的主题。一方面，课堂教学是我国中小学教育活动的最基本的构成部分，是中小学生在学校生活的主体部分，是中小学生素质发展的主要渠道，其重要性不言而喻；另一方面，课堂教学改革涉及教育问题的方方面面，不仅要改变教师根深蒂固的传统教育观念，同时还要改变教师习以为常的教学行为、教学方式乃至生活方式，其艰难性不言而喻。课堂教学不仅占去了师生在校的绝大部分时间，而且其质量如何，最直接影响着学校办学目标的实现，影响着教书育人的效果。因此，构建合理的、适

应教育发展要求的课堂教学模式，就成为现代教育改革的一项重要目标。

目前，"还课堂于学生"，构建高效课堂教学的教育改革在全国正如火如荼地进行着。我校也大胆、积极地推进课堂教学改革。2018年4月，我校在"重学巧教"教学理念的基础上提出了"力行"课堂"两学一引"的教学模式，并被三明市教育科学研究所立项为三明市"中小学名师名校长培养对象"专项课题。自2018年9月本课题开题以来，我校领导高度重视，由李金禄校长担任课题的负责人。在他的带领下，课题组成员专心摸索、研究。一年后，我们将"力行"课堂的教学模式"两学一引"提炼升华为"三学一引"，更加完善了"力行"课堂的教学模式，并将"力行"课堂教学模式"三学一引"在全校推广，甚至向全县推广。通过两年的探索、研究，教师们更新了教育观念、转变了教学行为，能主动运用并探索先进有效的教学方法，推进我校课程改革的发展，实现课堂的优质、高效，进一步提升我校教师的综合素质和教学业务水平；孩子们转变了学习方式，由被动接受变成了自主、探究性的学习，能力得到了提升。

（二）课题研究主要过程

1. 成立课题领导小组，确立实验教师

经学校研究决定，自2018年9月本课题被确立为三明市"中小学名师名校长培养对象"专项课题以后，学校领导高度重视，课题组负责人组织课题组成员搜集相关理论资料，共同商议拟定了课题实验方案、课题阶段研究计划、课题研究内容、预期达到的目标以及研究方法等，并做好开题准备。

2. 召开课题组成员会议，明确分工

自本课题被立项以来，于2018年9月召开了课题组第一次会议，学习本课题实施方案，明确课题研究背景、研究意义、研究内容以及研究方法；拟定课题实施方案，明确各课题组成员分工，做好开题准备。此后，每月课题组成员召开会议，或学习相关理论，或研讨在研究工作中存在的问题，分享经验、交流困惑等。

3. 根据计划，扎实开展研究工作

(1) 加强学习，转变观念

课题组多次组织大家学习"力行"教育思想的相关理论知识，对"三学一引""力行"课堂教学模式进行探讨与研究，多次修改加以完善，领会"力行"课堂教学模式的内涵，并内化于心，促进教师教学行为的转变。

(2) 将"力行"课堂与集体备课模式相结合，组织研讨

在课题研究过程中，将学校的集体备课模式与"力行"课堂结合起来，每两周组织一个备课组开展相应学科的集体备课暨"力行"课堂教学研讨活动。我们以课题研究为载体，拓宽课题研究的渠道。在集体备课的过程中，教师先围绕"力行"课堂"三学一引"的教学模式进行个人初备、备课组集备；接着，在教研组集备的过程中，每位教师紧扣"力行"课堂的理念，对即将展示的这一节课进行重点研讨，从教法、学法、教具的准备、课件的制作以及教学的每一个细节都进行了详细的研讨，形成共案；再由执教教师修改完善教案；最后，运用"力行"课堂"三学一引"的教学模式进行展示，并进行教后反思。

(3) 不断反思，探讨课堂

在课题研究过程中，教师更加重视课后反思。一是坚持撰写每课的教后反思，逐步养成勤于思考、注重积累的良好研究习惯；二是每节研讨课后，教师积极探讨课中遇到的问题，并提出有效的解决办法；三是积极撰写教学论文、随笔等，将自己在课题研究过程中形成的观点记录下来，不断增强对"力行"课堂理念的内化水平和对教育教学现象的洞察能力。

(4) 及时总结

我们在课题研究的过程中，根据学校的实际情况和课题研究方案的目标要求，把课题研究和日常的教研活动紧密地结合起来，选择不同的方面作为研究的突破口，多形式、多渠道开展课题研究，规范课题研究的过程管理。

(三) 课题研究目标达成情况

1. 通过研究和实践，更新了教师的教育观念，转变了教师的角色，教师

成为学生学习的引导者,促进了教师的专业成长。

2. 通过实践和研究,培养了学生学会自主学习、合作学习、探究学习,提高了学生的学习能力。

3. 形成了"力行"课堂教学模式"三学一引"。经过两年的研究实践,形成了"力行"课堂教学模式——"三学一引"。"三学",即"自学""互学""研学";"一引",就是老师的巧妙引导。

自学就是学生带着学习目标、任务,独立学习思考,或读文章,或看例题,或动手操作,让学生通过自己的努力来完成学习任务。

互学就是在课堂上,针对学习内容和学习要求的需要,采取的学生同桌之间、小组之间或全班同学之间的合作学习。

自学和互学要把握好三个关键:①自主问答,即学生自主、主动地提出问题和回答问题;②自主讨论,就是学生针对某一问题交换意见或进行辩论的活动。③自评互判,就是让学生之间进行自我评价和相互评价。

研学,就是在师生智慧共同作用下,学生通过精读文本、研究问题、动手操作实践、共同探讨等方式来突破重难点、解决疑难,巧妙地引导学生进入深层次、深入性的研究性学习,从而促进学生思维发展和创新精神的形成。

一引,即教师的引发、引导,通过对学生在自学和互学过程中产生的疑难问题进行精当、巧妙的引导,对错误的进行更正,对学生理解较为肤浅的地方加以深化。

(四)课题研究主要成果

在李金禄校长的领导下,经过全校老师的共同努力,课题研究已经取得了一定的研究成果。

1. 课题研究体现了全面性

课题研究采用实验班先行—逐步推广—全面铺开的方式。我校全体教师积极参与研究,人人都承担了课题研究的任务。特别是学校领导带头担任研究和指导任务,增强了广大教师的信心。

2. 实现了教师教育观念的更新

通过多次课题专题研讨活动，教师们已经转变了教育观念，思想上积极地要求进步，行动上也开始大胆地进行尝试研究，"力行"课堂教学模式"三学一引"在课堂中得到落实。

3. 实现了教学方式的转变

现在的课堂上，不再是教师的"一言堂"，教师不再是课堂的主角，教师的角色已经逐步转变，成为学生学习兴趣的激发者，成为教学活动的组织者和参与者，成为学习活动的评价者，成为学生心灵的引导者。

4. 实现了学习方式的转变

课堂上，教师把学习时间和学习的主动权还给了学生，学生正在逐步成为课堂的主人。课堂上，学生基本能自觉、主动地参与学习，并且以小组合作、探究学习的方式，积极地进行生生、师生之间的交流互动。学生已经初步形成了自主、合作、探究的学习能力。同时，在教师的指导下，他们在各级各类的竞赛中获奖。如：肖勇明老师指导的温越默同学的书法作品《阳光下成长》，在2018年11月三明市第七届中小学生艺术节评选中获得小学组三等奖；曾桂招老师指导的经典诵读作品《诗词大观　芳华千载》在中华经典诵写讲大赛中获得市三等奖；黄凤英老师指导的付笑塘以及曾桂招老师指导的王中和两位同学，在2019年12月明溪县"中华魂"——爱我中华主题教育演讲比赛中，分别荣获小学组第二、三名；林芬老师指导的黄飞阳、原敏静两位同学，在2018年11月明溪县第二十三届中小学生田径运动会中，分别荣获小学组100米和400米女子比赛第一名；曾翠彬老师指导的李紫萱同学的作品《新能源火车》，于2018年12月荣获第三十四届三明市青少年科技创新大赛少年儿童科学幻想绘画二等奖；叶芳老师指导的作品《建国70周年》，荣获明溪县首届迎接新中国成立70周年新时代好少年"绘我中华"绘画征集活动三等奖等等。

5. 实现了课题实验教师教研能力的提升

迄今为止,"'力行'课堂教学模式的研究"这一课题开展了多次研讨活动:2018年11月,开展了教师教学技能比武,力行课堂教学模式在教学中得到了很好的展现;2018年12月10日,开展了"厦门教师送教"暨明溪县小学第二片区教学研讨和第二实验小学教育教学开放日活动,通过山海合作,共同研讨"力行"课堂教学模式;2018年11月,开展了青年教师"力行课堂"教学比武活动;2019年2月,开展了"力行教育 助力成长"研训活动;2019年4月,在"省级教育教改示范性建设学校"项目阶段汇报和成果展示活动中,"力行课堂教学模式"做了充分的展示;2019年5月,开展了明溪县李金禄名校长工作室集体备课观摩研讨和"力行课堂"课题中期研训活动;2019年11月,在"福建省义务教育教改示范性建设学校"项目阶段成果展示活动中,"力行课堂教学模式"做了充分的展示;2019年12月,开展了明溪县集体备课和"力行"课堂观摩研训活动;2020年3月,开展了"力行"课堂下的线上教学研讨活动;2020年4月,开展了李金禄名校长工作室与"'力行'课堂教学模式的研究"课题组的线上教学研讨活动等等。

这些活动中,课题负责人李金禄校长作了多场讲座,如"做学生喜欢的新时代人民教师""新课程改革探讨""打造力行课堂,提高课堂质量""集体备课及力行课堂教学模式的应用",为课题的深入研究提供了理论支持与依据。除此之外,他还为三明教育学院、宁化师范附属小学及建宁、清流等地的学校作了多场讲座,如"把握教育细节,促进学生成长""新时代校长应把握好四大关键""构建教师共同体,助力教师发展"等等,将课题的教学理念向外县推广。

活动中,课题组成员还承担了多节研讨课,如王凤莲老师执教的四年级语文《去年的树》、林珠丹老师执教的五年级语文《临死前的严监生》、黄凤英老师执教的四年级校本教材《国学教育读本》中的《诗中的田园情》、曾桂招老师执教的五年级语文《刷子李》、王凤莲老师执教的四年级阅读交流课《鼹鼠的月亮河》、罗雪如老师执教的二年级数学《简单的排列》等等。这些课各有特色,老师们运用力行课堂"三学一引"这一教学模式,突出了学生自主学习、教师巧妙引导的特点,起到了很好的示范作用。

课题组成员在这些研讨活动中集体备课、执教、听课、研讨,教研能力得到快速提升。

6. 教师的教学能力得到提高,专业得到成长

随着力行课堂"三学一引"这一课堂教学模式的研究,课题组成员教学能力得到提升,专业得到成长。负责人李金禄被明溪县人民政府评为2018～2019年度优秀校长；官水生老师在教育教学（管理）工作中作出突出贡献,于2019年9月被中共三明市委组织部、三明市教育局、三明市人力资源和社会保障局给予个人嘉奖；肖勇明老师的论文《合作学习策略在小学语文阅读教学中的应用浅述》被《语文课内外》杂志社评为优秀论文一等奖,其个人于2019年11月被明溪县人民政府评为优秀教师；叶芳老师于2018年9月被评为明溪县优秀教育工作者；王凤莲老师在2018年9月"一师一优课,一课一名师"优课评选活动中选送的优课《长大以后做什么》一课荣获一等奖,撰写的论文《浅谈低年级学生课外阅读的指导》在"中国梦·全国优秀教育教学论文评选大赛"中获一等奖；罗雪如老师的论文《运用画图策略 提高学生解决问题能力》被福建省教育学会小学数学教育分会评为二等奖；在第十四届福建省三优联评活动中,曾翠彬老师的微课《百分数》获市级三等奖。不仅如此,在指导他人运用"力行"课堂教学模式进行授课方面,也取得了可喜的成绩：黄凤英老师在2019年明溪县小学道德与法治优质课评比活动中,指导欧仙龙执教的《神奇的"宝盒"》一课,荣获一等奖。曾翠彬老师在2019年9月明溪县小学数学优质课评比中,指导张秀珠老师执教的《线段、射线和直线》获得县级一等奖；2018年9月,在明溪县"一师一优课,一课一名师"优质课评选中,指导李晓雁老师执教《梯形的面积》获县级二等奖。林芬老师指导的作品,在全县中小学校"阳光体育大课间"比赛中获一等奖。

随着力行课堂"三学一引"这一课堂教学模式的推进,我校其他教师在课堂教学方面也获得了可喜的成绩。

在第十四届福建省三优联评活动中，张丽华老师的微课《落花生》获三等奖。2018 年 11 月，在全县中小学教师教学技能比武活动中，温晓晓、吴文秀、张婧获一等奖，方铭、胡慧、陈思璐、李晓雁、巫笛等几位老师获二等奖。2019 年 9 月，陈秋华老师的课例《不只是为了干净》，在三明市道德与法制优质课评比中荣获一等奖。2019 年 1 月，在福建省信息技术与课程整合三优联评活动中，肖美玲老师的课例《妈妈睡了》获市级一等奖。2019 年 10 月，在福建省信息技术与课程整合三优联评活动中，张桂香老师的《角的度量》获市级二等奖。2019 年 9 月，在明溪县"一师一优课，一课一名师"优课评选中，李晓雁老师执教的《百分数的意义和读写法》和陈小娟老师执教的《鸟店》获得县级一等奖，方铭老师执教的 Unit 8 The universe、吴文秀老师执教的《城市美容师》获得县级二等奖。

7. 教师的理论水平有了一定的提高，撰写并发表了多篇论文

课题组成员除了每学期完成一篇课题研究阶段性小结外，还能编写一篇突现课题研究的教案案例、教学随笔、论文等，共发表 10 篇 CN 论文、2 篇省级论文，一篇县级论文。其中，负责人李金禄校长撰写的《基于"力行"教育的课堂教学模式改革》，在 CN 刊物《福建教育学院学报》2019 年第 5 期发表；肖勇明老师撰写的《合作学习策略在小学语文阅读教学中的应用浅述》在 CN 刊物《语文课内外》2019 年第 21 期上发表，并被《语文课内外》杂志社评为优秀论文一等奖；王凤莲老师撰写的《浅谈低年级学生课外阅读的指导》《语文"力行"课堂教学模式之我见》，分别在 CN 刊物《学校教育研究》2018 年第 10 期（上）和 CN 刊物《小学时代》2019 年第 9 期发表，并在"中国梦·全国优秀教育教学论文评选大赛"中获一等奖；叶芳老师撰写的论文《小学阅读教学有效性探究》《"力行"课堂教学模式下的读写结合》，分别在 CN 刊物《语文课内外》2019 年第 15 期上和 CN 刊物《新教育时代》电子杂志（教师版）2020 年第 22 期发表；黄凤英老师撰写的论文《对新课改下小学语文阅读教学的几点体会》，在 CN 刊物《语文课内外》2019 年第 15 期上发

表；曾翠彬老师撰写的《如何利用画图解决数学问题》发表于 CN 刊物《西部素质教育》2018 年第 16 期，《培养兴趣，聚焦课堂——小学数学教学中学生兴趣的培养》在 CN 刊物《亚太教育》2019 年第 8 期发表；曾桂招老师撰写的论文《"重学巧教"语文课堂教学实践的几点思考》，发表于 CN 刊物《家长》2020 年第 2 期上；官水生老师撰写的论文《多措并举 提高学生的数学阅读能力》，于 2019 年 7 月收入《福建省教育学会小学数学教育分会获奖论文选辑》汇编；罗雪如老师撰写的论文《运用画图策略 提高学生解决问题能力》，于 2019 年 7 月收入《福建省教育学会小学数学教育分会获奖论文选辑》汇编；卢萍老师撰写的论文《"游戏教学法"在英语教学活动中探究与实践》，于 2019 年 6 月收入明溪县教师进修学校论文汇编。

8. 教学质量稳步提高

"力行课堂教学模式的研究"这一课题的实施，既减轻了学生的负担，又提高了课堂效率，我校的教学质量大大提高。在 2019 年 6 月的小学语文毕业班质检中，我校各科成绩名列前茅。

（五）实用价值

"力行课堂""三学一引"的教学模式符合新课改的理念，具有很高的实用价值。具体体现在以下三个方面：

1. 变"填鸭式"教学为"引导式"教学

传统的教学过程中，教师通常采用"填鸭式"的方式进行教学，没有充分了解学生的接受能力和学习状态。一堂课下来，通常是教师在台上拼命讲、学生在台下拼命记，整体的课堂效果并不好。"力行"课堂的教学模式中，将"知行合一"的教学理念运用到教学实践，强调的是教师的引导作用，引导学生运用实践体验的方式进行探究性学习，充分开发学生的学习潜能，把学习的权利真正还给学生。

2. 变"以教师为主体"的课堂为"以学生为主体"的课堂

在传统的教学模式中，教师往往把自己作为课堂教学的主体，而把学生作为知识传授的客体，或者说是接受对象，学生的学习通常是被动的。久而久之，学生的学习热情和积极性就受到影响。而"力行"课堂将"竭力而行""合力同行"的教育理念运用到课堂中，引导学生在学习上自主、合作、探究，相互协作、取长补短、勇于创新，充分体现了"以学生为主体"。

3. 变"单一的教学模式"为"多样化的教学模式"

在教学过程中，要进行教学模式的改革，把传统的单一教学模式转变为多样化的教学模式。首先，教师做好角色定位，把自己定位成一个引导者。对于浅显易懂的问题，为了节约学生时间，教师要做好引导，避免学生耗时费力地探究。其次，给学生提供充足的时间进行实践操作。因为小学生的思维很大程度上依赖于间接经验或直观感受，利用简单的实践操作能够帮助学生理解较为抽象的知识。学生通过体验，对自己的行为进行分步，从而更加清晰地掌握知识之间的关系以及运算步骤。再次，鼓励学生进行自主探究。学习是对外界知识的内化过程，因此发挥学生的探究式学习欲望是很重要的；并且在探究过程中进行合作式学习，也能够提高学习效果，同时有利于培养学生的合作意识。

（六）课题研究尚存的主要问题

在课题组成员的共同努力下，课题的研究已取得了明显的成效，但也还存在一些问题有待解决。

1. 首先，表现在班级小组合作学习的效率上。教师在让学生小组合作时，由于学生的个体差异，部分孩子主动性较弱，只是充当倾听者的角色，并没有真正动手参与实践操作或是解决问题，只是一个被动的施受者，小组合作学习的效率有待提高。

2. 个别教师在开展研究的过程中过于注重形式，无效的教学活动掩盖了对文本的理解，整节课看起来热闹，其实学生缺乏有价值的思考，收获甚浅。教师在课堂中如何精教巧导，如何进一步培养学生特别是学困生的自学能力，还是一个长期的研究内容。

3. 本课题研究成果主要通过课题总结报告、教学研究论文等形式呈现。但是，如何使这些成果能够深刻体现设想中"力行课堂"的教育思想，真正落实到日常具体教学过程中，还是一个研究的难点课题。

（七）后续研究思路

1. 充实和完善我校确立的"力行"课堂教学模式"三学一引"，将这一教学模式细化，探索出适合各学科的教学模式。

2. 将已取得的研究成果推广出去，促进研究深化。

二、"力行"课堂教学课题结题研讨活动

（一）2018 年市、县级立项课题结题研训活动

1. 活动方案

关于举办明溪县第二实验小学 2018 年市、县级立项课题

结题研训活动的通知

为了做好 2018 年立项市级课题"'力行'课堂教学模式的研究""小学数学运用画图策略解决问题的研究""利用数学课堂错误资源提高学生数学素养实践研究"和县级课题"核心素养观下学生自主探究学习能力培养的实践研究""用好例文力行儿童读写的实践研究"的结题工作，进一步推广课题的研究成果，提高我校教师的教学素养，提高课堂教学的有效性，经研究决定于 2020 年 6 月 3 日（星期三）在录播室举办明溪县第二实验小学 2018 年市、县立项课题结题研训活动。请相关课题组成员准时参加，其他相应科目的教师调好课参加听课活动。

2. 活动安排

明溪县第二实验小学 2018 年市、县立项课题结题研训活动议程安排表

时间		内容	项目承担者	地点	主持人
6月3日	上午	8：30—9：10	教学研讨课 三年级语文《火烧云》	叶芳	录播室	曾翠彬
		9：25—10：05	教学研讨课 四年级数学《鸡兔同笼》	陈秋华		
		10：15—10：55	教学研讨课 五年级数学《同分母分数加减法》	王君辉		
		11：00—11：40	教学研讨课 四年级信息技术《制作简单的表格》	何诗琪（电脑室）		
			结题报告："力行"课堂教学模式的研究	李金禄		
			小学数学运用画图策略解决问题的研究	罗雪如		
			利用数学课堂错误资源提高学生数学素养实践研究	李菊莲		
			核心素养观下学生自主探究学习能力培养的实践研究	叶懿行		
			用好例文力行儿童读写的实践研究	李丽英		
			实验教师代表讲话	肖勇明		
			专家组点评	明溪县教师进修学校专家		
			领导讲话			

3. 简讯摘要

2020年6月3日，明溪县第二实验小学开展2018年市、县立项课题结题研训活动。本次结题的课题共有5个，其中有市级课题"'力行'课堂教学模式的研究""小学数学运用画图策略解决问题的研究""利用数学课堂错误资源提高学生数学素养实践研究"和县级课题"核心素养观下学生自主探究学习能力培养的实践研究""用好例文力行儿童读写的实践研究"。活动由教研室副主任曾翠彬主持，李金禄校长、课题组成员以及相关学科的教师参加了本次活动。

课题实验教师代表发言

活动共有五项议程。第一项议程是教学研讨课观摩，与会教师分别听取叶芳老师执教的语文课《火烧云》、陈秋华老师执教的数学课《鸡兔同笼》、王君辉老师执教的数学课《同分母分数加减法》、何诗琪老师执教的信息技术课《制作简单的表格》。

叶芳老师执教的《火烧云》一课，在力行学生的读和写之间架起一座桥梁，使读写有机结合起来，做到了读中细品、品中速写。通过教师引导，细品范本之美妙，积累材料，对学生进行针对性速写片段的练习。从读学写，是提高学生写作水平的有效途径。陈秋华老师执教的《鸡兔同笼》一课，从《孙子算经》趣题中激趣引入，通过自主学习、合作交流培养解题策略，在列表法中培养有序思考，通过画图策略领会假设

课题实验教师代表发言

法，学生经历猜想、推理、验证的过程，建立鸡兔同笼问题的数学模型。王君辉老师富有朝气、充满活力，简练幽默的语言、亲切和谐的互动和有创意、有深度的练习，让孩子们在轻松的课堂氛围中掌握了同分母分数加减法的意义和计算方法。何诗琪老师执教的《制作简单的表格》一课，采用"任务驱动"教学模式，通过学生的自学互学，合作交流解决问题，达到教育活动目的。课堂中创设操作情境，教师悉心指导，发现问题，引导解决，鼓励学生采用不同的方法制作表格，培养发散思维。整节课，教师始终坚持以人为本，让学生自主探究、学会学习，充分体现学生学习的主体性。

第二项议程是分组进行评课互动。大家各抒己见，有充分的肯定，也有合理的建议，还有存在的不足，研讨氛围浓厚。

4. 优秀案例

《鸡兔同笼》教学设计

明溪县第二实验小学 陈秋华

【教学目标】

1. 了解"鸡兔同笼问题"，感受古代数学问题的趣味性。

2. 尝试用不同的方法解决"鸡兔同笼问题"，使学生体会列表法和假设法。

3. 在解决问题的过程中，培养学生的思维能力。

【教学重难点】

1. 教学重点：用假设法解决"鸡兔同笼问题"。

2. 教学难点：学生认识、理解、运用假设法。

【教学过程】

(一) 揭示课题

1. 师：这节课，老师给大家带来一本数学著作。叫做《孙子算经》。这本书成书大约在1500年前，分为上、中、下三卷。特别是在它的下卷当中，收集了很多算术难题。其中有一道，请看题目。

2. 学生读题，理解"雉"是什么意思。

3. 学生理解整个题目的意思。

【设计意图：利用课件，从《孙子算经》导入课题，目的是为了给数学课堂带来浓厚的数学文化气息，让我们的学生感受到我国数学文化的源远流长，激发学生的学习热情。】

（二）探究新知

1. 出示情境，获取信息

你知道了什么数学信息？

学生理解：鸡和兔共8只；鸡和兔共有26条腿；鸡有2条腿；兔有4条腿。

2. 猜想验证，化繁为简

（1）师：根据这些数学信息，请你们猜一猜，笼子里可能有多少只鸡、多少只兔？那同学们，你们能够一眼看得出来刚才两位同学猜得准不准吗？

（2）数据太大，化繁为简。

（3）数字变小，再次让学生猜。

（4）除了刚才两位同学猜到的可能，还有其他可能吗？你们能不能按照一定的顺序，说出所有可能性呢？

（5）和学生一起验证，找出正确的答案。

鸡	8	7	6	5	4	3	2	1	0
兔	0	1	2	3	4	5	6	7	8
脚	16	18	20	22	24	26	28	30	32

（6）同学们像我们刚才那样，按照一定的顺序列举出了所有可能性，然后找到正确的答案，这种方法在数学上叫列表法。

（7）感受列表法的局限性，探究新方法的必要。

（8）观察表格。

预设：

①鸡在减少，兔在增加，脚也在增加。

②每减少1只鸡,增加1只兔,脚的总只数增加2只。

③每减少1只兔,增加1只鸡,脚的总只数减少2只。

④鸡和兔的总数没有变。

【设计意图:这里让学生独立思考,小组交流,教师巡视指导,给学生留有充足的时间进行思考、交流。】

3. 尝试假设法

师:8和0是什么意思?

师:笼子里是有8只鸡、0只兔吗?那这是什么意思呢?

师:也就是说,我们可以假设笼子里都是鸡,那这时候有多少只脚呢?

师:怎么用一个算式表示?

生:8×2=16

师:依据这样的思考,请同学们拿出学习单,完成探究二。请你先通过画一画的方法把少的10只脚添上,再试着算一算笼子里有多少只鸡、多少只兔。

生汇报,师适时讲解。

8×2=16(把兔全当成鸡,一共就16条腿)

26-16=10(把兔看成鸡,4条腿当成2条腿的鸡算,每只兔就少了2条腿,10条腿是少算了兔的腿)

4-2=2(1只兔当作1只鸡,少算2条腿)

10÷2=5(把多少只兔当成鸡算,就会少10条腿呢?就看10里面有几个2,就是把几只兔当作鸡来算,所以5就是兔的只数)

8-5=3(总只数减去兔的只数,就是鸡的只数)

师:好,算出来以后,我们还需要验证算得对不对。谁愿意口头检验?

师:那同学们想,刚才我们把笼子里的动物全部看成鸡,那能不能全部看成兔呢?请同学们拿出学习单三,也请你用画一画、算一算的方法解决这个问题。如果有困难,可以和同桌或小组互相讨论一下。

小结:我们在不懂的时候,也可以通过画图的方式帮助我们弄清其中的道理。

好了，同学们，刚才我们假设全是鸡或者兔，这种方法叫做假设法。（板书）

【设计意图：向学生渗透化繁为简的思想，使学生通过猜测、列表、假设方法解决问题，在师生互动中让每个学生都动口、动手、动脑。同时，为学生创设展示的空间和时间，培养每个学生学习的主动性和积极性。】

（三）巩固练习

1. 解决问题

师：好了，那现在请同学们用假设法来解决《孙子算经》中的原题。

集体订正。

小结：你是假设笼子里都是鸡解决这个问题，有假设笼子里都是兔来解决这个问题的吗？好，我们刚刚用假设法来解决这道题，现在你们会做这道题目吗？

【设计意图：学生解决《孙子算经》中的原题，感受中华民族的文化魅力，同时学生也获得学习的成就感。】

2. 提升认识

师：同学们，学贵有疑，我们不能仅仅满足会做，还要经常问为什么。在生活中，鸡和兔同时关在一起并不常见，但是我们为什么要来研究这个问题呢？请同学们再看，老师把这个题变一变，变成什么了？那这个题还能用刚才的方法解决吗？那这都没有鸡和兔，怎么可以用刚才的方法解决呢？它们有什么联系吗？

生：仙鹤有只脚相当于鸡，乌龟相当于兔。

师：大家觉得他说得有没有道理？鹤相当于鸡，龟相当于兔，就是因为这样，它们有着本质的联系。所以在日本，又把"鸡兔同笼"问题叫做"龟鹤问题"。看来，鸡兔问题不仅仅讲的是鸡和兔的问题，在生活中还有很多类似这样的例子。就像"人民币问题"，把 5 元当作是兔，把 2 元当作是鸡，把 20 张当作"总头数"，把 64 元当作"总脚数"。还有"租船问题"，同样把大船当作兔，把小船当作鸡，把 8 条船当作"总头数"，把 38 人当作"总脚数"。生活当中还有很多类似这样的问题，虽然问题的情境不一样，但是我们都可以用"鸡兔同笼"的方法来解决。我们把这类问题统称为"鸡兔同笼问题"。那今天，我们研究"鸡兔同笼问题"的价值,在于找到解决这类问题的一种方法或者说是模型。只要我们有了这种模型的意识,在解决问题时就能够做到举一反三。

【设计意图:通过"鸡兔同笼问题"建立模型,让学生拥有模型意识,在今后遇到"鸡兔同笼问题"可以举一反三、触类旁通。】

(四)课堂小结

【板书设计】

鸡兔同笼

列表法

假设法

$$8×2=16(只)$$
$$26-16=10(只)$$
$$4-2=2(只)$$
$$兔:10÷2=5(只)$$
$$鸡:8-5=3(只)$$

【教学反思】

"鸡兔同笼问题"是我国民间广为流传的数学趣题,最早出现在《孙子算经》中。本节课主要是借助我国古代趣题"鸡兔同笼"这个题材,培养学生从多角度思考、运用列表法和假设法解决问题的能力。因此,本节课重在研究解决"鸡兔同笼问题"的方法和策略上。教学中,多媒体课件虽然帮助学生非常直观地理解了假设法的这种思维过程,让复杂问题简单化了;但学生的思维过程只是停留在直观、表象这一层面。因此,要充分发挥学生小组合作的作用,将这一思考过程内化成自己的一种解决这类知识的模型。教材上的列表法是顺序列举,其实可以让学生自由列举,这样学生会根据各自的思维特点出现不同的列表方法,比如逐一列表法、跳跃式列表法、取中列表法等。经历了这样一个探索的过程,这时候再介绍假设法就水到渠成了,也实现了运用多种方法解决问题的目的,起到了意想不到的效果。

(二) 省"十三五"规划课题结题汇报活动

1. 活动方案

关于开展明溪县第二实验小学省"十三五"规划课题
结题汇报活动的通知

各小学：

明溪县第二实验小学 2019 年申报的省教育科学"十三五"规划课题《"力行"教育思想的实践探究》自立项以来，学校课题组围绕研究主题开展了一系列的研究工作，也取得了一定的研究成果，现已经进入课题结题的关键阶段。为做好课题研究成果的推广工作，经研究，决定开展明溪县第二实验小学省"十三五"规划课题结题汇报活动。

1. 活动时间

2021 年 5 月 10 日（星期一）

2. 活动地点

明溪县第二实验小学

3. 参加对象

(1)《力行教育思想的实践探究》课题组全体人员

(2) 翰仙校区有关领导和教师

(3) 明溪县教师进修学校相关学科教研员

(4) 其他各小学可根据自愿原则安排教师参加

5. 活动内容

(1) 力行课堂教学展示

(2) 力行课题结题报告会

6. 其他事项

(1) 本次活动伙食费由明溪县第二实验小学承担，差旅费回原单位报销。活动期间请严格遵守"八项规定"的有关要求及其实施细则。

(2) 根据新冠肺炎疫情防控工作要求，参赛人员报到时要佩戴口罩，主动配合体温检测及扫码入校。请乡镇参赛人员乘中巴或公交车往返。

2. 活动安排

明溪县第二实验小学省"十三五"规划课题结题汇报活动安排表

时间			内容	授课教师	活动地点	主持人
5月10日	上午	第一节 8：20—9：00	语文力行课堂展示1 一年级《一分钟》	叶芳	课堂展示1在学术交流中心 课堂展示2在录播室	黄凤英
		大课间 9：00—9：30	参观力行园			
		第二节 9：30—10：10	数学力行课堂展示1 五年级《同分母分数加减法》	李菊莲		
			德法力行课题展示2 三年级《爱心的传递者》	欧仙龙		
		第三节 10：20—11：00	数学力行课堂展示1 三年级《年、月、日》	罗雪如		
			英语力行课题展示2 六年级 My Daily Life	张婧		
		第四节 11：10—11：50	互动交流	各教研组组长		
	下午	第一节 2：30—3：10	1. 表彰会 2. 力行家长代表发言 3. 力行学生代表发言 4. 力行教师代表发言	张瑞明主任 王炳晟、方铭	学术交流中心	
		第二节 3：20—4：00	课题负责人作结题报告	李金禄校长		
		4：05—4：45	专家点评	福建教育学院校长研修部主任 于文安		
		4：50—5：20	领导讲话			

3. 完整简讯

由明溪县第二实验小学校长李金禄主持的省"十三五"规划课题《力行教育思想的实践探究》，历经两年的实践研究，获得了丰硕的研究成果，现已进入结题的关键期。为分享这一课题的研究成果，5月10日，在明溪县第二实小学术交流中心开展了课题结题汇报活动。福建教育学院校长研修部主任于文安教授、明溪县教育局初教股股长杨其华、瀚仙校区校长官水生及教师代表、课题组全体成员，以及部分教师、家长、学生代表共120余人参加了此次活动。

活动由教研室主任黄凤英主持，共有课堂展示、表彰大会、结题报告、专家点评、领导讲话等议程。

一、"力行"课堂展示

上午，共展示了5节"力行"课堂，分别由叶芳、李菊莲、欧仙龙、罗雪如、张婧五位教师执教。五节课都能围绕"力行"课堂"三学一引"的教学模式进行教学设计，教师根据自己学科的特点，将自学、互学、研学活动灵活地渗透到了课堂的各个环节中，既体现了学生学习的主体地位，又真正发挥了教师的引导作用。五节课有共性的特点，也有个性的学科特征，很好地诠释了"力行"课堂以生为本的理念真谛。课后，分教研组进行了互动交流；执教教师对本节课进行了反思；听课老师们也发表了自己的观课感受，有赞赏，也有可行性的建议。

叶芳、张婧老师执教

二、表彰大会

自课题实施以来，在"力行"思想的引领下，学校涌现出一批批优秀的力行教师、力行学生家长和力行学生。本次受表彰的力行教师有23名（"力行"课堂教学比武中获奖的教师9名）、力行家长36位、力行学生108位。随后，力行家长代表张瑞明、力行学生代表王炳晟、力行教师代表方铭分别作了发言。从他们的发言中，可以感受到"力行"精神已经在他们身上内化于心、外化于行。

三、结题报告

下午，课题负责人李金禄校长作了"'力行'教育思想的实践探究"结题报告。他从课题的基本情况、课题研究的过程与方法、课题的主要成果、课题研究存在的问题以及今后努力的方向等四个方面，对两年来课题的实施情况作了系统而全面的汇报。

李金禄校长作课题结题汇报

四、专家点评

本次活动的特邀嘉宾，福建教育学院校长研修部主任、国培专家于文安教授对报告作了指导性点评。他指出，本课题系统构建通俗易懂、研究亮点突出，不仅培养起了全校师生乃至学生家长的"力行"精神，还为学校创造了品牌特色。他充分肯定了本课题的研究价值，并对本课题所取得的丰硕成果表示惊叹。同

于文安教授作指导性点评

时，他希望学校能用本课题的研究成果去申报下一届的教育教学成果奖。专家的点评和肯定，更确定了本课题今后的研究目标，对今后的课题研究工作无疑是一个巨大的推动和促进。

五、领导讲话

最后，明溪县教育局初教股股长杨其华作了总结讲话。他说，"'力行'教育思想的实践探究"这一课题的研究成果在县域的影响广泛，有力地带动

了全县教科研的发展，希望学校再接再厉，"百尺竿头，更进一步"。

从2017年"力行"思想的提出，到2019年课题正式立项，时至今日课题即将结题，历经了两年时间，"力行"思想这颗种子已经在明溪县第二实验小学这片土壤上生根、发芽、开花、结果。结题不结研，相信在专家的引领和领导的关怀下，在全校师生的共同努力下，"力行"之花定能结出更丰硕的成果！

4. 优秀案例

《一分钟》教学设计（第一课时）

明溪县第二实验小学　叶芳

【教学目标】

1. 知识与技能：能正确、流利、有感情地朗读课文。要做遵守纪律的孩子。在读中体悟到时间的重要，不能因为个人的喜好而影响正常的学习生活。

2. 过程与方法：通过反复朗读，正确流利朗读课文，理解课文寓意。

【教学重难点】

1. 教学重点：在读中感受时间的重要性。

2. 教学难点：培养时间观念，从小养成守时的好习惯。

【教学过程】

（一）谈话导入，激趣解题

1. 小朋友们，今天老师看到一道算术题，说是1＝20，咱们一起来看看。

2. 师板书课题，生读《一分钟》，注意读准"钟"的读音。

（二）自学检查，初步感知

1. 学生借助拼音，自由读课文。注意读准字音，把难读的字多读几遍。

2. 检查生字。

（1）出示带有拼音的字词，自读生字。

(2) 分类出示带有拼音的词语，小老师带读。

(3) 说识字方法。

(4) 读准后鼻音的字。

(5) 读准整体认读音节的字。

(6) 比较认读"已"。

(7) 出示第一组去拼音的字词：丁零零、闹钟、洗脸、背着。认读巩固生字，并引导学生说话。

(8) 出示第二组词语，开火车读。

3. 巩固游戏"争分夺秒"。

(三) 互学交流，理解内容

1. 自由读课文，标出课文自然段，想想课文讲了一件什么事。

交流反馈：课文讲了一件什么事？

2. 元元的心情怎样？找出课文的段落。齐读第六段。

3. 出示课件。

(1) 理解"后悔"：元元后悔什么呢？请同学们自由读课文2—3自然段，找出描写元元后悔的句子，画上""。

(2) 全班交流、反馈。

出示描写元元非常后悔的句子。这个句子在文中出现了几次？和同桌找一找。

(四) 研学探究，落实素养

1. 第二自然段：他叹了口气，说："要是早一分钟就好了。"问：他为什么说"要是早一分钟就好了"呢？

2. 第三自然段：他又叹了口气，说："要是早一分钟就好了。"问：他为什么又叹气？

3. 指导朗读。

4. 根据课文内容说一说。

(五) 指导书写

1. 出示"钟、丁"两个生字。观察田字格的位置。

2. 字理识字"丁"。

3. 示范写生字,生仿写。

4. 交流展示。

(六)拓展研学,实践探究

课后实践:一分钟能做什么?

【板书设计】

16 分钟
1＝20

多睡 1 分钟　　迟到 20 分钟

《同分母分数加减法》教学设计

明溪县第二实验小学　李菊莲

【教学目标】

1. 通过数形结合、讲道理的教学方式,理解同分母分数加、减法的算理,掌握同分母分数加、减法的计算法则,并能正确进行计算。

2. 通过小组合作学习,经历知识迁移的过程,理解同分母分数加、减法的意义,能运用分数加、减法解决简单的数学问题。

3. 体验生活中的数学乐趣,培养学生的推理、归纳能力和合作学习能力。

【教学重难点】

1. 教学重点:掌握同分母分数加、减法的计算法则,并能正确进行计算。

2. 教学难点：理解同分母分数加、减法的算理。

【教学准备】

课件、课前研究单、探究单。

【教学过程】

(一) 自学检查，导向定标

教师出示：看到 $\frac{3}{8}$ 这个分数，你想到了什么？

引导学生从分数的意义、分数的组成及联想到的生活情景回答。

由课题请学生提问，引出学习目标：

1. 同分母分数加减法的计算方法。

2. 同分母分数加减法的计算原理。

(二) 互学建模，解疑问难

引入情境，提出问题：

课件出示主题图：一张饼平均切成了8块，爸爸吃了其中的3块，妈妈吃了其中的1块。

师：根据这些信息，你能获得什么数学信息？提什么数学问题？

预设：

(1) 爸爸和妈妈一共吃了多少张饼？

(2) 爸爸比妈妈多吃了多少张饼？

(3) 还剩下多少张饼？

师：我们先来解决第一个问题。谁能列出算式呢？

预设：$\frac{3}{8} + \frac{1}{8} = \frac{4}{8}$

1. 探究分数加法的意义

师：谁能解决第一个问题？

预设：求爸爸妈妈一共吃了多少张饼，就是把爸爸吃的 $\frac{3}{8}$ 张饼和妈妈吃

的 $\frac{1}{8}$ 张饼合起来，所以用加法计算。

师：同学们同意吗？由此，你想到了原来学的什么知识？

预设：整数加法和小数加法，也是把两个数合并成一个数的运算。也就是说，分数加法和整数加法、小数加法的意义是一样的。

2. 探究同分母分数加法的计算原理

师：为什么同分母分数加法是分母一样、分子相加呢？这样计算对不对？让我们自主选择探究单，动手画一画、涂一涂、写一写，研究这其中的道理吧。

（1）数形结合，自主探究

出示探究要求：

①自主选择探究方式（建议已经有想法的同学选择不用老师提供的学具，采用说理的方法；还没有想法的同学，选择借用老师提供的学具进行探究）。

②先自主探究，同桌两人都完成后，把想法说给同桌听听。

③时间：5分钟。

（2）多维表征，交流明理

请同学到台上汇报自己的研究成果，台下同学进行评价和提问。

预设：图形分析法和分数的组成分析法。

（3）举一反三，发展思维

根据研究同分母分数加法的方法，研究同分母分数减法。

师：我们已经明白了同分母分数加法的算理，你能不能也说说同分母分数减法的算理呢？

（三）研学启思，巩固拓展

口算

师：你发现了什么？

预设：同分母分数加减法，分母不变，只把分子相加减，能约分的要约成最简分数。

1. 看图填空

2. 同学自编题目，同桌互考互评

3. 说出等于 $\dfrac{7}{12}$ 的加减法算式

（四）总结质疑，评价体验

学了这节课，你有什么收获？

师生一同回顾整理，从整数、小数与分数的加减运算中，理解数的加减运算的实质。通过整合，达成对数的加减运算知识的结构化。

【板书设计】

同分母分数加、减法

$$\dfrac{3}{8}+\dfrac{1}{8}=\dfrac{3+1}{8}=\dfrac{4}{8}=\dfrac{1}{2}$$

$$\dfrac{3}{8}-\dfrac{1}{8}=\dfrac{3-1}{8}=\dfrac{2}{8}=\dfrac{1}{4}$$

计算法则：分母不变，分子相加、减，能约分的要约分。

《爱心的传递者》教学设计（第一课时）

明溪县第二实验小学　欧仙龙

【教学目标】

1. 感受生活中各种不同的爱，体会日常生活中的关爱。

2. 能够在日常生活中主动传递爱。

【教学准备】

课前搜集资料、课件。

【教学过程】

课前音乐《没有共产党就没有新中国》。

(一) 引入课题

1. 观看视频：爱心继续，支援湖北。

2. 揭示课题。

(二) 自学感知

1. 学生自学课本第 64－66 面，说说这节课学习的主要内容。

2. 班级交流。

(三) 互学明理

活动一：处处有爱心

1. 同桌互学

①同桌交流课本图片。

②说一说，你得到过别人什么关心或帮助？你当时有何感受呢？

回想一下，你曾经给过别人什么关心或帮助？

2. 班级交流

3. 小结

活动二：心中有他人

1. 同桌互学

①同桌互学"阅读角"。

②说一说，在你的身边有这样乐于关心或帮助别人的同学吗？

2. 班级交流

3. 小结

活动三：爱心变行动

1. 播放"介绍雷锋""雷锋的故事"

2. 同桌互学，班级交流：雷锋叔叔乐于助人的故事

3. 小结

(四) 研学拓展

1. 辨析

播放视频《扶不扶？这个小学生的选择让所有人服了》，学生谈观后感。

2. 赏析

二年级学生"我会写话"——"美好的礼物"。

(五) 知行合一

献爱心：为我校患骨肉瘤的六年级女生曾静芯捐款。

(六) 课堂总结

1. 小结

2. 音乐《爱的奉献》

【板书设计】

爱心的传递者

我们都有爱心

处处有爱心　　　　　爱心变行动

心中有他人

第五节　"力行"课堂教学课题研究案例及教师论文

一、研讨案例

《忆读书》教学设计（第一课时）

明溪县第二实验小学　童倩

【教学目标】

1. 认识"舅、斩"等14个生字，读准多音字"传、着、卷"，会写"舅、津"等14个字，会写"舅父、津津有味"等15个词语。

2. 用较快的速度默读课文，能梳理出作者的读书经历，说出作者的读书经历，说出作者对"好书"的看法。

3. 指导学生用图表法梳理信息。

【教学重难点】

能梳理出作者的读书经历，说出作者的读书经历，指导学生用图表法梳理信息。

【教学准备】

1. 学生搜集相关资料。

2. 教师自制课件。

【教学过程】

（一）名言导入

1. 学生交流读书名言。

2. 出示读书名言，生齐读。

3. 导入课题，齐读课题。

【设计意图：借助名言导入，自然而然地导入文本，激发学生的学习兴趣。】

（二）检查自学

1. 学生交流冰心的资料。

2. 检查字音、字形的掌握情况。

3. 概括文章的主要内容。

【设计意图：培养学生的自学能力，检查学生在字音、字形上的掌握程度，以及对课文和文章作者的基本了解情况。】

（三）互学交流

1. 快速默读课文，思考：冰心奶奶回忆了自己读书的哪些经历？有什么感受？用不同符号在书本上圈画出来，并在小组间交流。

2. 师根据学生汇报，相机指导学习。

3. 指导学生运用图表梳理信息。

4. 交流"多读书"体现在哪些方面？

【设计意图：组织同学之间的交流与合作，让每个学生带着自己的思考方式参与到集体学习中。小组间互相补充，突破重难点，整合梳理出作者的读书经历，说出作者的读书经历，在老师的引导下解决文中的疑难问题，有利于孩子很好地理解课文，同时也能提高他们对这些文学作品的兴趣。】

（四）好书标准

1. 冰心奶奶在文中告诉我们一个选择好书的方法，大家找找看在哪？

2. 学生汇报好书的标准。

【设计意图：师引导学生运用冰心奶奶的选书方法汇报出择书标准。】

（五）总结全文

作者围绕"读书"这个话题，回忆了自己少年时候以及1980年以后的读书经历和感受，最后语重心长地告诉我们"读书好、多读书、读好书"。

冰心奶奶的这九个字，可谓是字字珠玑。这节课，我们知道除了要多读书，还要读好书。那么，读书对我们有什么好处呢？下节课，廖老师将带领大家继续探讨。

【板书设计】

26. 忆读书

读书好

多读书　时间　数量

读好书　对比　挑选

【教学反思】

《忆读书》一文开篇一句"一谈到读书，我的话就多了"让人听来很亲切，好像一位慈祥的奶奶在与自己谈话，一下子抓住了学生的心。在整篇文章中，完全是对自己亲身经历的讲述，让学生在读的过程中跟随冰心奶奶成长，直到文章结尾得出结论——"读书好、多读书、读好书"。娓娓道来之语，如心底之泉水，缓缓流进了学生的心田。

在备课的时候，以课程标准为准绳，以教师用书为依据，深入研究教材，最后确定了"能梳理出作者的读书经历,说出作者的读书经历,指导学生用图表法梳理信息"为教学重难点。

在本课的教学过程中,有以下体会:

一、在自学检测环节,学生能基本掌握字音、字形以及课文的主要内容。

二、在完成教学目标、突破重难点上,有按着教学设计的思路走:先让学生圈画信息,接着运用图表梳理信息;但由于时间没有安排好,导致图表没法在课堂上完成。所以就设想,如果将梳理信息的多种方式在预习时就让学生完成,在课堂上再来汇报交流自己运用的梳理方式,或许会更有质量。

三、没有落实好语文要素中的分段表述。

四、课堂上对学生的评价语言过于贫乏,没能很好地针对学生的回答进行总结、评价和鼓励。

五、如果课前能让学生先熟悉熟悉文中提到的书目,或许理解课文就更加容易了,也会有更深的感触。

六、整堂课给人的感觉是前面时间宽松、后面过紧,在时间安排上不够严谨。

七、朗读弱化了,整堂课下来读的不多,把专注力都放在梳理信息上,而忽略了读。

八、作业布置上不够合理。

课结束了,但这堂课的工作还要继续。翻开教学设计,将整理好的思路再次融入教案中,弥补教学过程中出现的不足。完善不能完美。正如一位老师所说:"你们年轻教师有激情,但缺少经验,因此允许你们犯错误,在一次次的磨炼中成长。"

但是,我也提醒自己:不能以年轻、缺少经验为借口,放松对自我的要求,我们要做的事太多了。尤其是作为一名语文教师,人文素养的提高至关重要。要多读、多想、多练笔,不断地提升认识问题和解决问题的能力,改善思维方式和行为方法。

是的，课结束了，但文本解读的研讨才刚刚开始。在语文教学的天地里，我们是稚嫩的。就像刚出炉的剑，需要一次次的锻造和淬火，才能砺出锋利的剑芒。

《沏茶问题》教学设计

明溪县第二实验小学　李晓雁

【教学目标】

1. 引导学生能够用合理、快捷的方式解决沏茶这一简单的生活问题，懂得在同一时间内，所做的事情越多，效率就越高。

2. 使学生认识到解决问题策略的多样性，形成寻找解决问题最优方案的意识。

3. 让学生体验获取成功的乐趣，逐渐养成合理安排时间的良好习惯，体会数学和生活的联系。

【教学重难点】

1. 教学重点：学会根据具体事件的情况，通过调整事件顺序，用合理快捷的方式解决生活中的简单问题。

2. 教学难点：寻找解决问题最优方案，提高学生解决问题的能力。

【教学准备】

课件、沏茶工序图片。

【教学过程】

（一）谈话引入

师：同学们，你们知道今天是什么节日吗？（感恩节）如果让你回家后帮妈妈做一件事，你会做什么事呢？

（二）探究新知

任务一：为妈妈沏茶

你们会沏茶吗？你们平常是怎么沏的？

引出课题：沏茶问题

课件出示沏茶工序图。指名读。

自学：那这么多的工序，你打算先做什么，再做什么呢？怎样才能让妈妈尽快喝上茶？用笔在纸上写写画画。

互学交流：1. 把你沏茶的顺序和小组同学说一说，并讨论得出最合理、最省时的方案。2. 把你们得出的最优方案用工序图摆出来。3. 把方案所用的时间计算出来。

学生讨论，教师巡视。展示汇报。

研学探究：

师：从这两种方案中，妈妈都能喝到茶吗？

师：沏茶的过程，谁将时间安排得最合理、最省时？为什么？

引出：要清楚事情的先后顺序。（板书：顺序）

质疑：烧水、洗茶杯、找茶叶为什么可以同时做？

小结：烧水、洗茶杯和找茶叶这三件事情我们可以同时做！（板书：同时做）

质疑：同时进行的事情，要怎样算时间呢？

介绍流程图

通过刚才的学习，谁能说说要怎样才能合理地安排时间呢？

介绍优化思想

判断：这样的安排合理吗？

回想一下，生活中，你有没有过合理安排时间的做法？

任务二：帮妈妈设计一个最优工作方案

任务三：给妈妈一个惊喜

（三）全课总结

1. 这节课，你有什么收获？

2. 珍惜时间的名言。

（四）课后延伸：用上今天所学的数学知识，回家帮妈妈做一件事情。

【教学反思】

本节课以感恩节为契机，以评选"孝道之星"为情境，围绕三个感恩任务，让孩子们在自学、互学、研学中寻找解决问题的最优策略，体会运筹思想在实际问题中的运用，感受数学的价值所在。下面，就我本节课执教之后的教学效果，简单阐述自己的观点。

一、给学生提供充分参与数学活动的契机

课前给学生分组，每个小组准备一套流程卡片，课堂上提出："怎样才能让妈妈尽快喝上茶？"问题之后，先让每个同学自主思考，接着小组进行讨论，动手将本组的沏茶方案摆出来，并计算出总用时。让两个小组在黑板上进行展示，并对本组方案进行阐述，其他同学可以提问。在生生互动中，将沏茶的最优方案揭示，相机介绍流程图的写法，在质疑与解答的过程中突破重难点。这一活动设计把学生推上学习的主体地位，让学生充分观察、操作、讨论和交流，使学生在解决具体问题的过程中体会数学的方法及应用价值，体会优化思想。在这一过程中，教师担任的是一个引导者、协调者的角色。

二、重视数学文化的渗透，重视人文教育

数学是一种文化，数学教育是数学文化的教育。数学文化对于一个人的全面和谐的发展，具有极为重要的意义。《数学课程标准》明确指出："数学是人类的一种文化，它的内容、思想、方法和语言是现代文明的重要组成部分。""数学教学应承担向学生传递数学文化的重要职责。"本节课，对于最先提出优化问题和运筹思想的我国伟大的数学家华罗庚，我利用图片资料进行了适时的引入和介绍，让孩子们进一步走近数学伟人，增强学习的兴趣和民族自豪感。同时，对于运筹思想和优化思想在实际生活的运用，也进行了简单的介绍和涉及。数学从本质上讲是一种文化。数学教育不仅是知识的传授、能力的培养，而且还应是一种文化熏陶，需要一些文化底蕴。

三、挖掘生活素材，渗透应用教育

数学在应用方面的广泛性,是数学文化的重要特征。本节课的所有教学素材均来源于生活。新课以感恩节完成三个爱心任务为导入,提出"怎样才能尽快让妈妈喝上茶?"这一问题展开小组活动。在巩固拓展中,分享生活中合理安排时间的经验,以及帮妈妈设计一个最优的工作方案、给妈妈一个惊喜等问题,都是生活中的实际问题。在教学中,我有意识地凸显数学的应用价值,注重数学与现实世界的联系,重视数学在实际生活中的应用,及时挖掘生活素材,取之于生活并应用于生活,让学生有更多机会了解数学的应用价值。

二、教师论文

基于"力行"教育的课堂教学模式改革
——以明溪县第二实验小学为例

明溪县第二实验小学　李金禄

随着基础教育领域综合改革进入深水区,"如何进一步推进课堂教学改革,提高学校教育教学质量,培养具有现代核心素养的合格公民"成为当前中小学教育教学改革的重点。课堂教学的改革应当回归课堂的本质和规律,即遵循儿童的生长规律和认知规律。《基础教育课程改革纲要(试行)》明确指出,改革的具体目标之一就是"强调形成积极主动的学习态度"。三明市明溪县第二实验小学推行的"力行"教育课堂教学改革,基于改革要求,注重以学生为中心,强调有效教学,从而促进学生核心素养的形成。

一、"力行"教育的内涵

"力行"出自《中庸》的"好问近乎智,力行近乎仁",强调身体力行,努力践行。围绕"力行"教育,明溪县第二实验小学着力构建"我力行"的高效课堂,推动实现由教师讲授型课堂向学生学习型课堂的转变,由知识逻辑型向学生发展型课堂的转变,从而落实"以人为本"、以学生为主体的新课程改革。在课堂教学模式改革方面,"力行"教育形成了"三学一引"的课堂模式,即学生"自学""互学""研学"和教师"引导"相结合。

自学，即学生带着学习目标、任务，独立学习思考，或读文章，或看例题，或动手操作，通过自己的努力来完成学习任务。互学，即在课堂上，针对学习内容和学习要求的需要，同桌之间、小组之间或全班学生之间进行合作学习。自学、互学体现的是学生自主学习、合作学习为主的学习方式，落实学生的主体地位。研学，即师生智慧共同作用下，重学巧引地进入深层次、深入性的研究性、探究性学习。学生或精读文本，或研究问题，或动手操作实践，或共同探讨，来解决疑难、突破重难点，从而促进思维发展和创新精神的形成。一引，即教师的引发、引导，对学生在自学和互学过程中产生的疑难问题进行精当、巧妙的引导，对错误进行更正，对学生理解较为肤浅的地方加以深化；强调以学生为中心，"重视和体现学生的主体作用，同时又不能忽视教师的主导作用"。教师在课堂教学中运用巧妙的策略，深入浅出，引导学生步步深入的探索新知，以完成学习目标。教师的引发和引导，一方面是要引发学生的探究兴趣，帮助学生积极、主动地参与学习探究活动；另一方面是有效引导学生进行深层、深入的研究性学习，促进高效学习目的的达成和思维的发展。

二、强调有效教学的"力行"教育课堂改革

有效教学，是课堂教学的核心追求，也是课堂教学改革的意义和价值所在。余文森教授认为，基础教育阶段教学的有效性具有学习速度、学习结果、学习体验三个指标。因此，学校以"力行"教育为核心，通过课堂教学的具体改革，以"三学一引"为抓手，切实提升课堂教学的有效性。

首先，在学习速度上，通过学生自学、互学相结合，积极引导学生自主问答、自主讨论、自主评价。自主问答，即培养学生在自学的基础上，积极思考、提出问题并回答问题；自主讨论，即学生互学，通过讨论、交流来解决问题或生成新的问题；自主评价，即学生的自我评价或相互评价。这样能够激发学生主动学习的兴趣和热情，不同的学生能够根据自身的学习状况对学习内容、学习方式作出不同的调整。教师则在引导的基础上，有针对性地进行教学，避免了传统的"满堂灌"和"千人一面"的课堂教学模式，学生变被动学习为主动学习，从而加快了学习速度。

其次，在学习结果上，"力行"教育明确了以学习为核心的课堂教学模式。以学习为核心不同于以学生为中心：以学生为中心，即以学生为主体，关注的是"谁来学"的问题，是针对传统教学中忽视学生主体地位的情况。以学习为核心也不同于以学定教：以学定教，关注的是"学什么"（学到什么程度），针对的是教学内容选择和难度设置上忽视学生学习起点和已有经验的问题；以学习为核心，关注的是每一个具体的教学内容"怎么学"，针对的是当前教学忽视学生学习的认知心理过程的问题。以学习为核心，就是要把具体的学习内容，通过各种科学、有效的学习活动，进行深刻、透彻的学习，以达到最佳学习效果和学习目标。

再次，在学习体验上，"力行"教学强调身体力行、努力践行，课堂教学关注的是学生的学习活动，而不是教师的教学活动。学习活动，就是以学习为核心的表现形式，是学生在课堂上做什么、怎么做，如观察实物、读教材、回答提问、相互讨论、发表观点、做练习题、做实验等。学习活动不同于学生活动，学习本质上是心理活动的过程。只有按照规律来设计学习活动，才能达到更好的学习效果。因此，活动设计要注重直观感觉，让学生亲手操作、亲身体验，经历概念的形成、知识的发现等学习过程。换言之，教学设计不能停留在转变学习方式的层面上，而要深入到学习活动设计层面，才能真正起到指导学生学习的作用。

如二年级数学课《分物游戏》，教学重点是学习"平均分"的概念和策略。"平均分"是一个抽象的概念，看不见、摸不着，如何让小学生感知、理解？动手操作无疑是最有效的学习方式。通过对学具的分一分、摆一摆的操作，通过不同分法的自由尝试和对分成的份数、每份数量进行观察比较，学生感知到"总数""份数""每份的数量"之间的辩证关系，以及分的方式与结果之间的联系，形成"平均分"的概念和策略。这个动手操作的过程，以及由此引发的感知、思维活动过程，是语言表述所无法取代的，从学习体验上提升了教学的有效性。

三、基于核心素养的"力行"教育课堂改革

核心素养是当前"我国基础教育界的新热点，成为大家眼中借以深化基础教育课程改革、落实素质教育目标的关键要素"。核心素养是对三维目标更深层次的总结，进一步强调学生掌握知识、获取知识的能力。"力行"教育就是通过"三学一引"的课堂教学改革，聚焦学生的学习能力养成。

杜威认为，"教育即生长"，"与被动地接受知识不同，在经验课程中，儿童是主动的活动者，并在活动中获得经验的扩充与扩展，以实现生长和发展"。"力行"教育课堂教学改革关注学生的主动学习、自主学习，让学生通过自身的具体活动，成为学习的主体和知识、能力获得的主体。同时，在此过程中培养学生获得知识的能力。未来学家阿尔温·托夫勒认为，"未来学力"首先是创造力，而创造力的核心是"新情境中的问题的能力"。这需要通过学生的自学、互学、研学来培养，而不再是简单的教师对学科知识的传授。

培养核心素养，要求教师进行"有限教导"，让学生充分地参与教学。因此，教师的"一引"要关注有效性和生成性。一方面，教师要不断地改进教学活动，提高教育教学艺术，做到引而不发，增强学生的情感体验，使教学过程充满情趣与活力，更好地促进学生的自主发展。另一方面，教师要关注课堂的生成。课堂教学是一个动态的活动过程，教师不能照搬课前的教案，而要机智灵活应对，恰当地抓住生成时机和资源，调整教学设计，充分发挥"一引"与"三学"的互动作用，促进学生思维的生长。

在"力行"教育课堂教学模式改革中，"三学一引"是有机组成部分。一方面，是对学生的"学"出了更为具体的规定和要求，同时考虑到学生的差异性；另一方面，则是"由学论教"，在学习方式改变的基础上，对教师的教学活动提出新的要求。通过"三学一引"，能够有效地保障每个学生获得充分的发展。

"力行"课堂下小学数学复习课教学模式的构建

明溪县第二实验小学 曾翠彬

力行,即亲身实践,指身体力行。孔子提出,君子"敏于事而慎于言","耻其言而过其行"。也就是说,君子要重视自己的行动胜过言语,做到言出必行、言行一致,以言行不一、口惠而实不至为耻。我校李金禄校长致力于"力行"思想的探索,引领全校教师探寻课堂教学改革,提出"力行"课堂主张。本文结合数学课堂教学实际,谈谈"力行"课堂下小学数学复习课教学模式的构建。

吴正宪老师说:"知识犹如珍珠,如果不会整理,只是一盘散沙,没有太大的价值;只有串成美丽的项链,才会价值连城。"可见整理的意义。数学课分为新授课、练习课、复习课。如果说新授课是栽活一棵树,复习课就是育好一片林。种树容易,养树难。一木不成林,只有上好了复习课,让学生把知识整理成了一个系统,所有的知识点才能形成一片知识之林,学生才能在这片林海中畅游。

一、复习课意义的理解

(一)何谓复习

《现代汉语词典》是这样解释"复习"一词的:"把学过的东西再学习、再巩固。"古代大教育家孔子曰:"温故而知新。"现代教育思想认为,复习重在一个"理"字,使所学的知识"纵成线""横成片",达到融会贯通。可见"复习"有巩固知识和为学习新知做铺垫的作用,也有通过再学习而获得新的知识或理念的意思。

(二)何谓数学复习课

复习课是对某一阶段所学知识进行归纳整理,使之条理化、系统化,并通过查漏补缺,进一步巩固、深化基础知识,提高学生的技能,发展学生解决实际问题的能力，同时让学生在知识整理与复习中体验梳理成功的喜悦，最终促进学生的可持续发展的一种数学课型。

新课程改革的背景下，小学数学复习课该如何体现"以促进学生全面发展""培养学生的学科核心素养"的新理念，适应新时代的要求？怎样上好复习课？让我们再次走进我校的"力行"课堂。

二、"力行"课堂的解读

"力行"课堂是自主学习的课堂，是知行合一的课堂，是开放活力的课堂，是合作探究的课堂。

(一)"力行"课堂的两大转型

一是由教师传授型课堂向学生学习型课堂转变，体现"学生学习为本"的理念。学习一定要发生在学生身上才有意义，否则就是"单相思"。学生才是学习的主人，要倡导自主、探究、合作的学习方式。教师只是学生学习的组织者、合作者、引导者。

二是由知识掌握型课堂向学生发展型课堂转变，体现"学生发展为本"的理念。在注重知识传授的同时，更要强调能力的培养、情感的培养。知识是死的东西，要将死的知识变为活的能力，教育才是真正的开始。

(二) 力行课堂的原则和形式

1. 主要原则：目标先行原则、以学定教原则、重视思维训练原则、及时反馈原则。

2. 主要形式和方法：自学（独学）、合作、展示、质疑、点拨、检测、拓展。课堂流程相互包容，顺序前后调整，培育智慧师生。

(三) 力行课堂的基本模式

力行课堂的基本模式为"三学一引"。"三学"，即"自学""互学""研学"；"一引"，就是老师的巧妙引导。

1. 自学、互学是"力行"课堂的主要构成

自学，就是学生带着学习目标、任务，独立学习思考，或读文章，或看

例题，或动手操作，让学生通过自己的努力来完成学习任务。

互学，就是在课堂上，针对学习内容和学习要求的需要，采取的学生同桌之间、小组之间或全班同学之间的合作学习。

2. 研学是"力行"课堂的关键构成

研学，就是师生智慧共同作用下，进入深层次、深入性的研究性、探究性学习。学生或研究问题，或动手操作实践，或共同探讨，来解决疑难、突破重难点，从而促进学生思维发展和创新精神的形成。研学，也就是所谓的深度学习。

3. "一引"是"力行"课堂精彩构成

一引，即教师的引发、引导，通过对学生在自学和互学过程中产生的疑难问题进行精当、巧妙的引导，对错误的进行更正，对学生理解较为肤浅的地方加以深化。我们在强调以学生为中心的同时，不能忽视教师在课堂教学中的主导作用。总之，"善教者，善导"，即所谓"授人以鱼，不如授人以渔"。

三、"力行"复习课模式的构建

基于以上认识，我们提出了《"力行"课堂下的小学数学复习课教学模式》，力争让学生在复习过程中不仅收获知识，更能提高学生复习方法、自主复习的能力和运用所学知识解决问题的能力，不断增强学生的参与意识和能力，获得积极良好的情感经验，真正促进学生全面发展，培养学科核心素养。

(一) 创设情境，激趣导入

托尔斯泰说："成功的教学所需要的不是强制，而是激发学生的兴趣。"数学是一门系统性和逻辑性很强的学科。对数学有浓郁兴趣的学生，会全神贯注地进行学习，千方百计地想办法去认识和解决数学问题，能全身心地投入到数学学习中去。在复习课伊始，根据复习的内容，结合学生感兴趣的实际需要创设一个合适的情境，将复习的数学知识融入问题的情境中去，激发学生产生复习探究的迫切愿望。这时抓住时机提出复习要求，便能达到水到渠成的效果。

如《整理复习立体图形的表面积和体积》，通过说立体图形的特征猜图导出四种立体图形，明确学习内容；五年级单元复习《长方体和正方体》，通过观察画图过程猜出长方体和正方体；五年级单元复习《因数倍数》，通过观察数字和算式说话猜测学习内容。

（二）自学互学，构建体系

著名数学家波利亚认为："学习任何知识的最佳途径，都是由自己去发现、探索、研究。因为这样理解更深刻，也最容易掌握其中的内在规律、性质和联系。"对于数学复习课，要充分体现"以学生发展为本"的教学理念，把复习的主动权还给学生。特别是中高年级学生，要更多关注学生能力培养、习惯和态度的形成，以及情感、态度、价值观在学习活动中的作用，培养学生的核心素养、数学素养，促进学生的可持续发展。

1. 提出目标，自主整理

建构主义认为，学习过程是学习者自我认知结构的组织和重新组织的过程。如果学习者能抓住知识之间的内部联系，将零散的知识以其逻辑关系串联起来，就能更为系统、更加全面地理解、掌握所学知识。

通过回忆、看书等搜集与课题有关的所有知识，弄清每一知识点的意义，这是梳理知识的重要基础。也可以通过练习检测回顾，如分数的意义这单元的知识，设计了如下练习。设计相关的问题和学习提纲，引导学生自主整理。整理时，要先引导学生进行知识点的罗列。明确复习的内容后，要让学生用自己喜欢的方法，简洁、清晰地把知识整理出来。要求：在整理中初步形成自己的脉络，整理的结果要有条理，并体现知识之间的联系与区别。（可以考虑课前完成，特别是高年级）

操作要领：

（1）教师提前编制好第二天所上复习课的复习提纲，让学生明确复习内容和具体要求，先让学生进行自主整理和复习。

（2）复习提纲的编制是关键。教师要准确把握好知识要点，做到重点突出、层次清楚，具备可操作性、可反馈性和可检测性。例如：常见的量、线和角。

(3) 尝试阶段尤其要加强自主整理复习方法的指导和训练，使学法指导与教法改革同步。(大括号、箭头、树形图、思维导图等)

2. 小组合作，梳理知识

操作要领：

(1) 组建好合作学习小组，指导好合作学习的方法，制定相应的规则，并按规则进行小组交流。

(2) 围绕复习提纲，出示合作要求，让学生在小组里充分交流。要舍得花时间让小组各成员充分发表自己的意见，鼓励学生发表不同的意见，鼓励学生大胆质疑，在此基础上形成小组共识。

(3) 教师在这一环节中要作为一个参与者、合作者、帮助者，同时又是一个情报员，善于收集、整理、归纳信息，便于在下个环节中适时点拨和深究。

(4) 训练合作技能

学生在合作学习中，主要是通过讨论、争辩、表达、倾听及参与实践等形式来展开的。为了提高合作的有效性，必须重视合作技能的培养，培养学生学会倾听、学会讨论、学会表达、学会组织、学会评价。

3. 交流引导，完善体系

操作要领：

(1) 要充分展示小组合作交流后的成果，适时提出相关问题，提炼要点，内化提升知识要点。

(2) 教师要有宏观把握知识的能力，要有善于沟通和融合的本领，配合学生构建知识体系，形成知识网络。学生仍然是这一板块的主体，教师仅仅是个帮手。通过师生互动、生生互动，学生对各部分的知识有了较为清晰的印象。但对于蕴藏在知识之中的一些数学思想和思维方法，学生自身难以发现和整理。同时，为照顾学习困难的学生，教师应对本课教学内容进行适当的归纳总结，提炼出学习方法，从而完善学生的认知结构。

（3）教师的适时引导，对学生的思维起"诱发""点拨"作用。我在多年的教学实践中，摸索出几种在课堂教学中常用的"引导"方式，包括示范性引导、迁移性引导、例证性引导、展望性引导、逻辑性引导、诱误纠错引导等。只有灵活、巧妙地将各种引导交叉或综合在一起进行，才能受到引导的预期效果。

(三) 实践应用，拓展研学

操作要领：

1. 教师要精心编制分层练习题。要善于整合所有的复习资源编撰习题。习题力求凸显针对性、层次性、灵活性、整合性和运用性。

2. 要进行板块式练习，让学生静下心来，独立思考解答，让每个学生对所有的题目进行充分思考以后，再进行评价。

3. 评价习题时要注意适当的延伸，达到做一题懂一片的功效，使练习的效果达到最大化。

练习设计可分三个层次：第一层次是针对知识弱点，如易错、易混内容的练习，可采取填表、选择、判断等形式；第二层次是综合运用，提高解决实际问题的能力；第三层次是创新运用，训练思维，即拓展提高性题目。这样一来，可以让不同层次的学生都有收获。在练习中，还可让学生结合生活实际，独立编题、互赠练习等，都能极大地提高练习的积极性，避免做题的枯燥无味，同时使学生感受到数学就在身边，提高复习的兴趣。

(四) 总结质疑，评价体验

为了给学生一个完整的知识体系，强化知识的重现，结合板书，师生一起进行小结，使学生从简洁的板书中明确本单元的重点知识和学习方法，相互质疑、相互评价，进一步完善认知结构，提升数学素养。既有知识总结，又有学法的总结，进行多种形式的评价和质疑，带着新问题出课堂。

构建"力行"课堂复习模式,自学互学串成线,沟通联系连成片,温故知新补缺漏,融会贯通展素养。教无定法,贵在得法。让我们寻求合适的方法,做到有计划性,切忌盲目性;有整体性,切忌零碎性;有综合性,切忌单一性;有顺序性,切忌杂乱性;讲练结合,切忌单纯性;劳逸结合,切忌疲劳战;突出重点,切忌漫无边际;讲究新鲜趣味,切忌枯燥无味。要努力达成周玉仁教授说的:"复习课的最高境界:厚书到薄书到无书的过程。"

浅谈小学英语"力行"课堂模式下的引导作用

明溪县第二实验小学 李沁

教育是理论指导下的实践。任何成功的教育改革,必须有科学的办学理论为依据。我们学校倡导"力行"教育,努力营造一个勤于学习、努力实践、勇于创新的"力行"教育环境。何为"力行"?在《现代汉语词典》中,"力行"就是努力实践。作为一名教师,教育学生的最终目的,不是让学生成为学习的机器,而应该让学生通过学习掌握知识、运用知识,将所学付诸所用。这才是教育的根本目的。英语更是一个需要实践的学科。中国学生缺少语言大环境,很大部分学生即便在英语考试中能拿到高分,可一旦遇上老外便蹦不出一个词来。因此,从学生认知规律看,"纸上得来终觉浅"。书本知识毕竟是间接经验,只有理论联系实际,让学生眼到、耳到、口到、心到、手到,才能消化所学知识,并将知识转化为实际能力。

新课改要求学生具有自主学习的能力,提倡终身学习。我校在"力行"教育体系引领下,提出"力行"课堂教学主张,即学生通过自己的努力实践去获得知识和能力的课堂,形成了"力行"课堂教学模式"三学一引"。"三学",即"自学""互学""研学";"一引"就是老师的巧妙引导。如果把自主学习比作扬帆航行的过程,那么学生就是一个个划桨学习的"水手",教师无疑则是"舵手"。只有把"舵手"的有效组织、指导和"水手"的自身努力有机结合,自主学习之舟才能乘风破浪,到达成功的彼岸。小学阶段的英语,是基础中的基础。尤其是三年级起步阶段,学生第一次接触英语,没有好的"舵手"引导,这些菜鸟"水手"们将会茫然不知所措。结合一学期粗浅的教学实践,笔者认为,"力行"课堂"三学一引"中,"引"在英语教学中起着非常重要的作用。那么,作为教师,该如何"引"呢?

一、做学生兴趣的激发者,引导学生激起对英语学习的兴趣

三年级的学生年纪较小。英语是未知课程,对某些缺乏语言天赋的学生来说,更是看到便怯之的难题。如果一节课满堂灌地把所有单词、课文句型塞给他们,学生不仅听课效果差,更会引起他们的逆反心理。因此,在课堂上要尽量给学生营造轻松学习、快乐学习的氛围,通过口语训练、游戏、情景剧表演等活动,创造机会让学生参与教学、表现自己。用"ok,Good job!""Perfect!""It doesn't matter.""Try your best! I believe you'll do better next time."等激励性语言鼓励学生,树立学生的自信心和勇气。利用各种途径,让学生接触英语,了解英语的趣味性。比如,给学生看经典有趣的英文动画短片。在学习字母这块,笔者选用巴塔木字母学习短视频。例如字母A,用一个可爱的A卡通形象头顶着个苹果跳出来,然后从树上掉下一个带苹果的字母A。掉一个叫一下A。可爱的卡通形象加上音乐以及动作,学生立即产生往下看的欲望。每一个字母都用一个物体来代表,让枯燥无聊的字母学习变得生动、有趣。

二、做学生的导思者,引导思考、点拨思路

只有让学生与老师思维的脉搏合拍,师生才能产生共鸣。要引导学生思考问题,使其积极主动地参与学习生活。

1. 通过巧妙的导入,不仅可以活跃课堂气氛,还可以调动学生的积极性,为教学做好铺垫。在授课打招呼这堂新课开始前,笔者带了一个小狗手偶,装成小狗Fido,用之前学过的打招呼方式来与学生们互动,学生们很自然地用英文与我回应。接着,我说今天要跟一位新朋友打招呼,引出这节课的另一

个主角 Sally，然后引出这节课的课文视频，引出今天学习的新的打招呼方式。现代教学提倡"以导为主"的教学方式。在英语教学中，我们的引导就是创设一个比较真实的场景，使学生有一种身临其境的感觉，在相对真实的场景中让学生去感知任务，并激发他们的认知冲动，使他们自主地去完成任务。

2. 通过设置问题，将复杂文本简单化。这种方式对高年级非常有效。高年级的课文内容复杂，一节课要求掌握的量很大，这就要求老师要引导学生如何将这些内容一步步消化。比如五年级一节关于乘坐交通工具的新课，老师事先制作了一个表格，上面有该课文本的人物、去哪里旅游、乘坐什么交通工具旅游等。接着，通过看视频、听音频、自读文本等方式，一步步引导学生完成这个表格，很自然地把新知全部贯穿其中。教给学生如何学，比单纯教给学生知识更具有现实意义。

3. 编写一些简单好记的儿歌，帮助学生学习枯燥的语法内容。对于学生来说，语法是最无趣的一项内容。将语法内容的重点编成简单易懂的儿歌或者绕口令，有助于学生更好地消化这块内容。比如，三年级下册第八单元涉及现在进行时这个语法，先给学生看一个小视频，让学生自己从视频中发现 ing 动词的规律。接着，给学生们编一首关于动词如何加 ing 的儿歌：两双写（running、swimming），三去 e（dancing、skating、riding），其他全部 ing。通过这个儿歌，学生们很快就能掌握三年级以来所有学过的动词如何加 ing 的方法。关于 be 动词，也编了一首儿歌：I 用 am，You 用 are，is 连着他（he）、她（she）、它（it），单数主语用 is，复数主语全用 are。通过这两个儿歌，将现在进行时的语法结构简单明了地摆在了学生的面前，让学生不再害怕语法学习。

三、做课堂的组织者，有效把握游戏进程

小学英语课堂多运用游戏教学，加上小学生活泼好奇的性格特征，在做游戏的过程中非常容易失控，因此对课堂的组织和管理、对游戏过程的合理有效控制，就显得非常重要。教师要科学组织管理游戏时间、学生参与游戏过程中的纪律等，并及时引导学生从游戏中获得相应的知识，进而避免学生将注意力放在游戏上而非英语学习的情况发生。在课堂中，可以通过小组竞赛的方式，比如比比哪组小红旗多，建立奖励机制，让学生在比赛中达成游戏教学的目的，让游戏教学法充分发挥其提升英语课堂教学质量和教学效率的作用。

四、做学习的延伸者，引导学生将课堂内容延伸运用到实际生活中去

"纸上得来终觉浅，绝知此事要躬行。"所谓的"力行"就是要努力实践。学生要通过自己的努力动手操作、实践和体验，做到知行合一，养成自主学习的习惯。在课堂延伸练习上设计看图说话的环节，用简单的图让学生用课堂学的句型来描述，加深对知识点的记忆和理解。New Year 这节课课后，可以让学生制作新年贺卡送给最想感谢的人，写上英文的新年祝福语，既让学生记住了祝福语，还能让学生明白感恩的意义。

作为一名只上了一学期小学三年级英语的笔者而言，对"力行"教育的理解还很肤浅。笔者将继续努力学习、努力实践、努力探究、努力做好学生的指引着，发挥"力行"课堂的作用，争做一名"力行"教师。

小学科学也要授人以渔
——浅谈"力行"课堂在科学教学中的运用
明溪县第二实验小学　张时兴

脑力活动有很多种。学生通过脑力劳动获取新知识、掌握新技能，所以学习是很特别的脑力劳动。每一个人的学习都可以通过自己的脑力劳动来获得，即自学。结合我校的"力行"课堂思想，我从以下几个方面来谈谈，在平常的小学科学教学中如何培养小学生的自主学习能力。

一、提高学习科学的兴趣，激励学生自学

兴趣，可以理解为人对新鲜事物的向往和渴望认识某事物的冲动，及努力参与某些活动的一种强烈意识。在教学中，我发现对科学学习感兴趣的学生，会更加认真地听课和举手发言，并产生一种既紧张又愉快的情绪和想要主动表现的渴望,来提升他们本次学习活动的效果。那么,如何在小学科学自学环节引起学生的兴趣呢?

1. 预留问题,引出好奇心

孩子们兴趣的源泉是好奇心,渴望通过自己的亲身探索来了解世界是他们天性。如《橡皮泥在水中的沉浮》教学中,在前一节课结束时我留下了一个问题:"同样是一块橡皮泥,我可以让它沉入水底,但是你可以让它自己浮在水面上吗?"通过之前的学习,学生以为只有不同的物体在水中的沉浮现象才会不同。这一问题的提出,打破了学生的这个认识,引出了学生的好奇心。在好奇心的驱使下,他们会认真自学下一课的内容。

2. 给予期待,提高兴趣

任何人都会对未来未知的某个时刻或者事物产生一种憧憬、向往。为了让小学生的学习兴趣更进一步的提高,可以在课堂前几分钟设置一个情节,给学生一些期许来提高学生的自学效果。如《水是怎样溶解物质的》一课,我开始上课时,先进行高锰酸钾溶解在水中的实验,让学生观察实验现象并解释;之后,说明这节课会让学生自己进行类似的实验,以此给学生留下一个期待,让学生在进行实验探究时可以更好地自学实验要求。

二、尊重学生的主体地位,学会自主探究

小学科学教学不应该直接对学生"授人以鱼",而要以培养学生自己的动手、动脑能力为重点,促使学生形成良好的学习习惯和认识事物的方法,达到以学生为主体,做到"授人以渔"的目的。采取"填鸭式"教学,往往忽略了学生的实际需求。

在课堂教学中,每个学生都是独立的个体,他们将以极大的兴趣参与到科学探究和实验中来。在教学中,我们老师首先必须尊重任何一个学生,提高他们学习的积极性、课堂参与的主动性和思考问题及情景的创造性,并及时对学生作出评价。对学习基础较好的学生,评价时应多加鼓励他们的创新点,激励其超越自我;对学习基础较差的学生,评价时应先肯定他们的主动参与,并帮助他们提高自身能力,使他们更多地体会到学习成功的快乐。教师要通过夸奖来放大学生的优点,促使每个学生都更加努力学习。

探索未知,是我们作为人的天性。特别是学生,当探索新知识已经成为自身的一种渴望,此时探索未知就能提高学生的学习热情。学生的求知欲望在教师的教学中应得到尽量满足,学生的求学意识需要不断强化,在减少学生厌学情绪的同时提高学生乐学的激情。只有达到这样的境地,学生的自主参与才能真正实现。为此,教师既要提供给学生自主探究的因素,又要指导学生进行自主探究的方法,以达到学生能迅速自学教材并找出重点的目的。如在《简单电路》的教学中,教师先出示小灯泡,引导学生观察小灯泡的构造,并演示怎么用一根导线、一个电池和电池盒使小灯泡亮起来的实验方法,引起学生的好奇心理,使学生急于想动手尝试让小灯泡亮起来的方法。这时,教师只要为学生提供实验的材料,并提醒学生自己动手操作的注意事项。接着,放手让学生在实验中自己去探究,发现让小灯泡亮起来的其他方法。在欲望和兴趣的指引下,学生自然能主动参与到实验中去。

三、培养学生互学的能力,提高自学效果

在教学中创设一定的学习情景,使学生通过自己动手、小组合作、组间交流,对学习内容进行合理的加工处理并吸收理解,得出相应的成果——科学探究的结论。在平常课堂教学中经常组织学生进行讨论,教师适时点拨,学生可以提出自己的质疑和意见。要容许学生出错,同时帮助他们改错,鼓励学生整理每节课的学习成果。对于研讨的问题,可以由教师提出,也可以由学生自己提出。在学生学习设计和制作天气日历时,有一个学生提问:"我们的天气日历中要有哪些内容?除了表格式,还有其他做法吗?"于是,我让学生大胆交流发表自己的见解:有的学生说要有降水量、风速和风向、云量等;有的学生说可以用台历式的翻页结构,一页表示一天的天气情况;有的学生说可以使用卡通表情表示天气符号;甚至有的学生说可以用水彩笔,以图画的形式表达……经过学生们激烈的交流研讨,学生自己总结经验,学生

的科学态度、情感、价值观又得到了一次进步。

四、教师进行及时的引导，巩固自学成果

每次科学课教学内容的重点、难点，既要精讲，又要根据学生以往的学习情况，有目的地进行分析和评价，使学生对所学的知识能更好地吸收和理解。在科学探究过程中，有些问题对知识有限的学生来说显得比较困难，这时要求教师提供帮助，不能无动于衷。"自主探究"不是"任其发挥"。教师应以教学目标为导向，指定一个范围，引导学生进行自主探究。每一次探究活动都要有具体的目标和要求。只有这样，教师才能根据其设计针对性的教学环节，学生在发现问题时才能有目的和方向，进行具有意义的实验探究。在整个探究过程中，教师要做到少讲，找到最佳契合点对学生进行指导，通过针对性提问引导学生再现所学的知识，并注重指导学生学习的方法。

五、予以适当的评价与鼓励，评估自学效果

课堂教学要有一个良好的课堂氛围，既要有利于学生自主学习和独立思考，又要以学生为本进行评价。强调对学生的整个学习过程进行评价，尽可能涵盖各型各类的学生，创造一种具有和谐气息的课堂。对学生的评价要做到层次分明，让每个学生都能在原有基础上得到提高。要及时肯定自卑学生的每点进步，让他们看到希望；对一般的学生需进行激励性评价，促使他们积极向上，既要指出他们不足，又要指明方向；对优秀的学生采取针对性评价，为使他们更进一步，必须执行高标准、严要求。在评价基础上，定期分析每个学生的情况，对学生层次进行适当的调整，提高学习进步的学生层次，找出退步学生的原因并帮助他们，充分让学生了解自己的优缺点，从而使他们的学习变得主动。同时，引导学生根据教师的评价以及对自己的认识，有目的地调整自己的学习方式。

总之，在小学科学教学过程中，要结合小学科学的学科特点，使学生的主体地位得到充分发挥，多对学生进行自学方面的训练，提高他们的综合素质。

第四章

"德法"学科课堂教学改革

第一节 小学道德与法治"四步教学法"探究

小学道德与法治课程,是以儿童的生活为基础,以培养品德良好、乐于探究、热爱生活的儿童为目标的生活型综合课程。

新一轮课程改革标准明确指出,学生良好行为习惯和道德品质的形成和发展,是学生通过自己的实践体验和感悟而获得的。也就是说,学生是在自己身体力行中成长的。因此,提出"力行"课堂的教学理念。"力行"课堂强调面向全体,着力构建"我力行"的高效课堂,改变学生由被动接受学习的方式,转向学生自主、合作、探究的学习方式,充分发挥学生主体地位,让学生真正成为学习的主人,达到以人为本、知行合一的育人实效。

本人在"力行"课堂教学实践中,结合道德与法治学科特点,探索形成小学道德与法治课堂教学"四步教学法"模式,即自学感知、互学明理、研学拓展、知行合一。

第一步（环节一）：自学感知

自学感知就是培养学生带着学习目标、任务，独立学习思考，或读文，或看图，让学生通过自己的独立学习来完成学习任务，达到对文本内容的初步理解和感知的目的。

课堂要让每个学生都动起来，培养学生主动地思考，使学生善思、勤思、深思，培养学生观察、分析、探索等解决问题的能力。

教师可以通过以下做法来引导学生学会独立学习：

一是通过抓住精炼的问题，组织学生展开自学感知。

如人教版小学道德与法治四年级下册《我们的好朋友》《说说我的好朋友》通过"说一说"：

在学校生活三年多了，你一定交到不少好朋友，和大家说说你的好朋友吧。

好朋友之间总有说不完的开心事，说出来与大家分享一下吧。

与朋友在一起是那么开心、美好，说说你们是怎样成为好朋友的。预设：我们几个谈得来，越谈越得劲儿……

学生在自学感知中，分享了朋友之间的开心，找寻成为好朋友的原因。

二是联系简要的文字、精致的图片，引导学生展开自学感知。学生互相交流教材中简要的文字介绍以及资料"阅读角"等，并发挥图片直观形象的特点，辅助理解所学。教师引导学生联系教材中的问题、文字、图片，组织学生在交流中各抒己见，或分享所知，或提出质疑，或即时答疑，使学生对课堂所学有总体性的感受。

第二步（环节二）：互学明理

互学明理就是教师在课堂上，针对学习内容和学习要求的需要，采取的学生同桌之间、小组之间或全班同学之间的合作学习。学生在教师的引导下，通过相互讨论、交流互学理解课文、明白道理。

互学体现的是以学生自主学习、合作学习为主的学习方式，落实了学生的主体地位。因此，教师要重视课堂民主、平等氛围的营造，引导学生积极主动地参与学习，养成勤于思考、善于表达、学会合作的学习习惯；要调动学生良好的情绪，最大限度地激发学生学习的主动性。

教师要在学生自学感知的基础上，根据教学重难点，梳理关键问题，组织情景表演等课堂活动，引导学生互学明理。

如教学部编人教版小学道德与法治三年级下册《我和我的同伴》《我能变得更好》，教师可以组织同桌或小组互学，在"赞赞自己"的活动中增强自信，以肯定自己、相信自己。又比如，在课堂探究问题时，被提问学生在分享个人见解遇到困难时，可以通过寻求同学帮助或补充，完成互学互助、互学明理。

除了生生互学，教师也要主动融入互学明理活动中。对学生互学无法达成共识的问题、关键点，教师要通过精彩、精要的点拨、讲解分享观点，在教学相长中完成课堂教学目标。

第三步（环节三）：研学拓展

新的教材观认为，教材只是实现教学目标的范例和桥梁。因此，在教学中，教师的教学不能只局限于教材和学校，要联系学生生活实际和社会实践，组织学生研学拓展，做到真知真行。

德育要生活化，教育要从课堂走向社会。研学拓展，就是在师生智慧共同作用下，重学巧引地进入深层次、深入性的研究性、探究性学习。学生或精读文本，或研究问题，或动手操作实践，或共同探讨，来解决疑难、突破重难点，从而促进学生道德情感的发展和道德精神的形成。

教师要始终紧紧抓住社会主义核心价值观这一核心要义，组织学生结合课堂内外进行深层次、深入性的研究性学习，把社会主义核心价值观转化为学生的情感认同和行为习惯，培养学生的良好品质。教师要引导学生联系社会生活畅所欲言。

一要紧扣课堂目标进行研学。教师要把握课堂教学所要达成的目标，结合教材中的文字、图片、问题，引导学生紧紧围绕目标要点，联系生活实际，展开信息交流。

二要依托现代媒体进行研学。教师要将学生的思维引导到从课外获得的相关材料，教师辅以课件介绍，通过延伸信息链，让课堂与社会的结合更加明显、有效。如教学"我们当地的风俗"时，引导学生畅谈当地风俗，通过媒体展示奇妙的节日风俗，探讨风俗演变的理由。

三要应用典型案例进行研学。社会上发生的典型案例，学校、家庭、同学之间的真实事例，均是教育的好素材，使学生在教育过程中印象深刻。在教学《安全护我成长》时，引导学生联系交通安全、消防安全、游泳安全等方面发生的事例谈体会，以增强教学实效。

第四步（环节四）：知行合一

"纸上得来终觉浅，绝知此事要躬行。"小学生品德的形成要做到知行合一，就得在生活实践中来锤炼、检验，做到努力践行。知行合一作为课堂教学联结实践体验的一个环节，教师可以组织学生联系实践畅谈学习收获，更要注重引导学生从书本走向社会。

一要重视引导学生参加德育实践。教师要以课堂和教材为纽带，精心组织学生参与"活动园"，引导学生从课堂走向生活。教师在教学小学道德与法治五年级下册《担当家庭责任》，教材安排的"活动园"——"回想自己在家中的表现，看看你在家中是否做到了自理、自立"时，不仅要让学生在课堂上说，还要引导学生回家积极参加家务劳动，自觉做到生活自理。

教师还要结合学校组织的学生研学旅行和参加社会实践基地锻炼的契机，引导学生到广阔的社会中去劳作、去体验——通过下地参加田间劳作，体验

"一粥一饭来之不易"；通过研学旅行，感受"绿水青山就是金山银山"，感受中华民族优秀的传统文化，感受日新月异的新时代、新气象，增强为实现伟大的中国梦努力奋斗的坚定决心。

二要重视引导学生写道德实践日记。在教学《合理消费》时，教师要引导学生反对浪费，学会节约，做一个聪明的消费者，从小逐步培养自己的理财能力。通过组织学生登记消费日记（周记）、分辨必须和非必须消费事项，教育学生更新消费观念、优化消费方式，做到合理消费。

在教学《红军不怕远征难》中，教师要充分利用当地的红色资源，组织引导学生在参观革命烈士纪念馆、祭扫革命烈士纪念碑的过程中，进一步加强革命传统教育，赓续红色血脉，抒写对革命烈士的缅怀和崇敬之情，表达永远跟党走的理想信念。

三要重视对学生的道德实践进行评价。教师要让学生（特别是留守儿童等）将学习的快乐、生活的情趣、进步的欢欣及时与同学、家人、亲友分享，品尝成长的快乐。在教学《我们一家人》时，教师要引导学生主动交流、常沟通，增进与家人的相互了解与理解。在生活中，留心观察、主动询问，尽力关心和帮助家人，让他们多一份轻松和宽慰。通过学生自我评价、老师评价和多方评价，让学生在多方位的引导下，获得全方位的优缺评改信息，形成最有效的反思启示，促进学生良好行为习惯和道德品质的形成和发展。

第二节　小学道德与法治"四步教学法"实践感悟

李金禄校长倡导的力行课堂理念，强调面向全体，着力构建"我力行"的高效课堂，改变学生由被动接受学习的方式，转向组织学生自主、合作、探究的学习方式，真正做到以人为本、知行合一。本人在道德与法治学科教学中，积极践行探索小学《道德与法治》课堂教学"四步教学法"模式，即自学感知、互学明理、研学拓展、知行合一，致力达到助力课堂提质增效的教学目的，促进学生道德品质的形成和发展。

一、自学感知，引导学生自主学习

教师要重视激发学生的学习兴趣，创设乐学的课堂氛围。兴趣是最好的老师。在课堂教学中，引人入胜的启发导入、扣人心弦的悬念设置、发人深思的巧妙提问、短小精悍的故事趣谈及形式多样、生动形象的直观教学，都能激发出学生浓厚的学习兴趣，使学生产生强烈的求知欲望，创设出乐学的课堂氛围，促使学生乐于参与。

教师要重视激励学生，创设自信的课堂氛围。正确的激励机制，是培养学生产生"主体意识"的重要环节。激励是升华学生情绪的一种驱动力。学生在参与中遇到困难和挫折时，教师要鼓励学生树立克服困难的信心，激励学生积极思维，形成强烈的学习初因，创造自信的课堂教学氛围，促使学生奋发参与。

二、互学明理，组织学生交流研讨

课堂教学是实施德育的基本途径。教师在教学过程中应与学生积极互动、共同发展，注重培养学生的独立性和自主性，引导学生质疑、调查、探究，促进学生在教师引导下主动地、富有个性地学习。教师应尊重学生的人格，关注个体差异，满足不同学生的需要，创设能引导学生主动参与的教育环境，激发学生的学习积极性，培养学生掌握和运用知识的态度和能力，使每个学生都能得到充分的发展。

互学明理，就是要立足现状，激活课堂，还课堂给学生，培养学生主动参与的主体意识。教师要在学生自学感知的基础上，根据教学重难点，梳理关键问题，组织情景表演等课堂活动，引导学生互学明理。

除了生生互学，教师也要主动融入互学明理活动中。对学生互学无法达成共识的问题、关键点，教师要通过精彩、精要的点拨、讲解分享观点，在教学相长中完成课堂教学目标。

三、研学拓展，联系社会生活实际

教师要注重引进日常生活事件中的角色扮演，进行价值引导。引进日常生活事件中的角色扮演，旨在让学生阅读文本，加上学生已有的经验，再现生活中的某个行为片段，让学生产生身临其境之感。更重要的是，情境中总是蕴涵着十分丰富的行为思想方面的信息，可供他们观察、体验、探究，从而得出自身的价值判断。

学生的品德形成是一个长期的、复杂的、渐进的过程。在教学中，必须在立足课堂的基础上，引导学生进行"模拟"生活，让品德从生活中来，又回到生活中去，拓展教学时空。

在教学活动中，我们要善于联结课堂内的生活与课堂外的生活，教学应从课堂生活拓展到学生的学校、家庭和社会生活，最大限度地、立体地整合各种教育资源。要让学生积极地参与社会实践，体验社会生活，并通过活动不断丰富和发展自己的生活经验。

四、知行合一，鼓励学生力行德行

陶行知先生说："解放孩子的头脑，让他们会想；解放孩子的眼睛，让他们去观察自然、观察社会；解放孩子的嘴，让他们会说……"

要检验学生的道德认知是否真正扎根在心底，并变成意志品格的一部分，还需要观察学生的生活行为，即"知行合一"。教师要注重以学生生活为基础，以培养品德良好、乐于探究、热爱生活的学生为目标，把生活现象引入课堂，充分调动起学生的学习热情，让学生把道德认知自觉转化为道德行为，养成良好的道德品行。

第三节 "德法"学科课堂教学主题研讨案例

一、研讨案例

《我们有精神》教学设计

明溪县第二实验小学 杜妍

【教学目标】

1. 珍视自己的仪态、仪表，养成良好的生活习惯。

2. 乐于展示自己有精神的样子。

3. 认识有精神的样子。

【教学重难点】

珍视自己的仪态、仪表，养成良好的生活习惯。

【教学过程】

（一）自学感知

同学们，这节课，老师给大家带来了一个有趣的绘本故事。请大家一起来欣赏小故事，找找看，故事中谁精神？

（二）互学明理

活动一：绘本故事《谁精神？》

出示任务：看这个绘本故事，说说自己的理解。出示ppt，呈现绘本内容（第6页中1图2图，第7页中3图4图）。

反馈指导：同桌或小组同学互相讨论，看看绘本故事中谁精神？分析漂亮、眼睛大、声音响亮、姿势好就是"精神"吗？提出自己对"精神"的理解。

小结：有精神，不仅仅是外表漂亮，也不仅仅是眼睛大又明，还要包括内心的神采、声音的响亮、姿势的挺拔、唱歌的技巧等。总之，内外都有精神，做到内外统一，才能表现一个人从内而外的"精""气""神"。

活动二：我们真精神

出示任务："精神"的我是什么样？

反馈指导：学生交流，"精神"的我是什么样？将学生发现的班里有"精神"的学生请到前面来，请发现的同学为其点赞。

1. 追问：大家一起看一看，从哪儿能够看出她（他）很精神呢？

"精神"，顾名思义是指"精""气""神"。你从哪些地方看出同学的"精""气""神"？说说你的发现。看看自己身上的"精""气""神"是怎么体现的？

请观察第6页中的图片，说说你从哪些地方看出这些小朋友很精神？可以从站姿、外貌、眼神、服装、头发等不同方面仔细观察，说说图中的小朋友带给你什么感受？

2. 生活中，我们会参加很多集体活动。有时候，有些集会的场合非常严肃，例如升国旗的时候。你知道，为什么升国旗的时候大家都要精神抖擞地站立，并向国旗行礼吗？

为什么国旗班的战士面对国旗的时候，比我们更庄严、更精神呢？

是因为他们是大人吗？

是因为他们平时经常训练自己的"精""气""神"吗？

是因为他们内心非常热爱国旗，所以表现出来最佳的精神面貌吗？

与小组同学一起分享你的想法，并听听小组其他同学的意见。

除了在升国旗的时候，我们要内心和外表都很精神，还有哪些集体活动，也需要我们内外统一的有精神的表现呢？

集体集会时的"有精神"是什么样子的？请你大声赞美自己或是你眼中有精神的小榜样。

3. 除了在集体集会的时候，我们要有精神之外，在日常学习和生活中，是要有精神呢？有的时候感觉累了，是要放松一下，还是继续努力保持有精神的状态呢？

怎样才能一直保持很有精神呢？寻找日常生活中的有"精神"的小达人，说说他们在日常生活中为何会带给大家很"精神"的感觉，采访一下他（她）是怎么做到的。

小结：有精神，带给别人的感受是赏心悦目，是自信，也是朝气蓬勃。有精神，不仅仅是在集会和重大活动的时候我们集体的精神面貌，也是生活和学习中认真朗读、高兴歌唱、响亮说话、友好相处的精神面貌，更是在遇到困难和误解时的努力进取和乐观积极。相信你一定可以通过自己的努力，成为一个内外都有精神的学生。

（三）研学拓展，故事续编

1. 大雄是个学习非常努力的孩子，可是晚上总是睡不好，第二天就带着黑眼圈儿来上学了，课堂上他也没精神。下课时，你会____。

2. 乐乐最近参加舞蹈比赛，取得了好成绩；可是因为排练和比赛，耽误了学习。课间，乐乐闷闷不乐地趴在课桌上。你会____。

3. 康康是个快乐的胖孩子，每天都乐呵呵的；但是这次体育测试成绩不理想，他的爸爸、妈妈都很着急。作为他的好朋友，你会____。

（四）知行合一：我的照片故事

出示任务：晒照片

课前请同学们搜集了自己生活中最"精神"的照片，现在请你带着自己的照片，给大家讲述一下其中的故事，包括在哪里发生的故事、故事中的你为何这么有精神等等。

反馈指导：

提问：通过分享和聆听同学们的故事，你发现了有精神的秘密了吗？请说说你的发现，并把你心目中有精神的小榜样勋章送给你身边有精神的小伙伴。

小结：出示ppt，呈现第7页的有精神的孩子的图片。

看来，大家都愿意做一个有精神的孩子，都愿意受到大家的欢迎。仪表整洁、站姿挺拔、认真朗读、高兴歌唱、响亮说话、自信表达、阳光笑容的你，真的特别有精神！

（五）课堂小结

良好的作息和充分的休息，有助于我们保持有精神的状态。积极面对挫折和失败，拥有强大的心理素质，才可以让我们成为内外都精神的小学生。加油吧，你一定行！

【板书设计】

我们真精神

有精神　　　有自信

《红军不怕远征难》教学设计

明溪县第二实验小学　欧仙龙

【教学目标】

1. 了解长征的历史背景、路线和过程，知道遵义会议在中国革命史上的地位。

2. 感受红军不怕牺牲、百折不挠、浴血奋战、勇往直前的长征精神，养成敬仰、爱戴革命先辈的情感。

3. 学习习近平总书记关于长征精神的重要论述，激发学生弘扬长征精神，走好新时代长征路的志向。

【教学过程】

（一）导入新课

1. 播放"长征"视频片段。

2. 介绍长征的影响力。板书课题。

【设计意图：让学生感受红军长征的世界影响力，激发学生尊崇重要党史事件。】

（二）自学感知

学生结合自学情况，说一说这节课要探究的内容。

【设计意图：了解学生课前自学的概况。】

（三）互学明理

活动一：战略转移

1. 探究红军长征的原因。

学生根据课前搜集的资料进行交流，教师小结。

2. 引导学生观看"工农红军长征路线图"。

3. 介绍长征前期的湘江战役。

（1）观看视频。

（2）介绍英雄陈树湘。

【设计意图：让学生了解红军长征的背景、原因，以及湘江战役的战况。】

活动二：遵义会议

组织学生阅读63页文本。

1. 组织学生探究遵义会议召开的时间、内容、意义。

2. 教师小结。

【设计意图：让学生知道遵义会议在中国共产党历史上的重要意义。】

活动三：艰难险阻

1. 引导学生体会长征途中的艰难险阻

（1）数据看艰难

组织学生阅读64页文本。

（2）回忆远征难

①组织学生阅读"阅读角"内容。

②播放百岁老兵忆长征视频。

③引导学生感受图片《雪山忠魂》。

（3）故事品艰难

鼓励学生讲长征故事。

【设计意图：通过数字、视频、图片、故事等多种方式，让学生感受"远征难"。】

2. 引导学生探寻红军不怕远征难的原因

（1）鼓励学生找原因。

（2）组织学生学习习近平总书记在纪念红军长征胜利80周年大会上的讲话摘要。

【设计意图：通过学习习近平总书记在纪念红军长征胜利80周年大会上的重要论述，引导学生感受红军"不怕远征难"的理想信念。】

3. 引导学生探究刘伯承和彝族结盟的原因

（1）组织学生阅读《彝海结盟》。教师介绍事件背景。

（2）小结：习近平总书记指出，共产党打江山，为的是人民过上好日子。

【设计意图：让学生在学习中充分感受中国共产党的初心和使命。】

活动四：长征胜利

1. 组织学生观看长征思维导图。

2. 引导学生分享长征胜利的喜悦，分享毛泽东同志对长征的评价。

3. 小结：长征宣告了国民党围追堵截的破产，实现了红军的战略大转移，在沿途播下了革命的种子。

【设计意图：让学生形成完整的红军长征思维导图，感受人类历史上的壮举。】

（四）研学长征精神

1. 组织学生学习长征精神。

2. 拓展研学：长征精神过时了吗？在新的时代，我们该怎样学习和传承长征精神?

（1）学生思考、讨论。

（2）学生完成课堂自学单、交流。

2. 组织学生认真学习习近平总书记论述长征精神的视频。

3. 小结：每一代人有每一代人的长征路，每一代人都要走好自己的长征路。

【设计意图：通过学习习近平总书记有关长征精神的重要论述，激发学生传承长征精神、走好新时代长征路的志向。】

（五）践行长征精神

1. 观看视频：合唱与情景表演《七律·长征》。

2. 观看祭奠革命先烈的图片《永远跟党走》。

3. 小结：习近平总书记对小学生的勉励："将来要长成参天大树，中华民族伟大复兴的中国梦要在你们身上实现。"

【设计意图：引导、鼓励学生践行长征精神。】

【板书设计】

中国有了共产党

长征不怕远征难

长征精神

长征胜利

艰难险阻

遵义会议

战略转移

（湘江战役）

【设计意图：通过板书版式的设计，组织学生学习习近平总书记的论述——"山再高，往上攀，总能登顶；路再长，走下去，定能到达"，进一步感受红军长征的壮举。】

参考文献

[1] 李金禄. 基于"力行"教育的课堂教学模式改革——以明溪县第二实验小学为例[J]. 福建教育学院学报，2019（9）：14—15，44.

[2] 王凤莲. 语文"力行"课堂教学模式之我见[J]. 小学时代（奥妙），2019（9）：61，63.

[3] 俄航尖措."少教多学"有效课堂模式给语文教学带来一股清新之风[J]. 速读（下旬），2015（5）：3.

[4] 李秀娥. 初中数学"少教多学"模式的探索研究[J]. 考试周刊，2015（83）：68.

[5] 钟国榜.《阅读教学中"少教多学"课型研究》研究报告[J]. 新教育时代电子杂志（学生版），2016（23）：10—12.

[6] 孟辉."少教多学"在高中语文教师专业发展中的作用[J]. 速读（上旬），2018（9）：132.

[7] 祁树华. 论数学教学如何增强学生的参与意识和学习能力[J]. 速读（中旬），2015（3）：58

[8] 李瑞贵.高校"以学生为中心"教育理念的理论意义及实施策略[J].黑龙江高教研究,2009(8):132—134.

[9] 欧文锋.试论中学数学"少教多学"的教学模式改革[J].教育界,2012(8):60.

[10] 张美珍.浅谈游戏中如何培养孩子的社会交往能力[J].文渊(小学版),2019(9):478—479.

[11] 蔡建云."人物描写"作文教学一席谈[J].语文课内外,2017(32):45.

[12] 严玲.小学数学课堂教学中的精心预设与动态生成探究[J].读与写,2020(13):184.

[13] 刘力沛.浅谈班主任工作的喜乐经[J].教育教学论坛,2013(27):18—19.

[14] 胡金波.期盼有更好的教育[J].基础教育论坛(文摘版),2013(10):15—18,64.

[15] 肖江.因"材"施教 创"新"阅读[J].都市家教(上半月),2017(5):190.

[16] 李菲.小学数学课堂以"学"为核心的教学活动设计[J].西藏教育,2014(11):34—35.

[17] 朱桂丽.重视教学反思,促进专业成长[J].新教育时代电子杂志(教师版),2017(17):145,149.

[18] 徐国辉.新课改形势下如何提升小学语文的教学效率[J].中外交流,2019(47):254—255.

[19] 洪素环.巧妙引导 促进学生主动学习[J].教育艺术,2009(11):53—54.

[20] 张朋.利用信息技术提高英语课堂教学有效性的研究[J].软件(教育现代化)(电子版),2019(1):11.

[21] 赵钦玲. 教出散文的"语文味"[J]. 语文课内外, 2019 (34): 1.

[22] 高淑举. 以学定教, 先学后导, 学教结合, 自主生成——"先教后学"教学模式在数学教学中的应用体会 [J]. 新教育时代电子杂志（教师版）, 2015 (21): 216.

[23] 王凤莲. 以人为本的小学语文"力行"教育的方法与措施 [J]. 语文课内外, 2020 (25): 370.

[24] 赵淑梅. 扩展识字渠道——让孩子们乐于学习汉字 [J]. 新课程（上旬）, 2016 (3): 356—357.

[25] 梁小涵. 语文学习活动实践初探 [J]. 现代教育科学（小学教师）, 2014 (6): 54—152

[26] 裘迪波.《折线统计图》教学设计 [J]. 教学与管理（小学版）, 2008 (2): 51—53.

[27] 陈泉泉.《同分母分数加减法》教学设计 [J]. 读写算, 2019 (4): 156—157.

[28] 董小娜. 小学数学尝试教学法初探 [J]. 未来英才, 2015 (19): 73—74.

[29] 王妍华. 浅谈如何构建初中语文高效课堂管理办法 [J]. 中学课程辅导（教学研究）, 2015 (32): 379.

[30] 郭金梅. 农村中小学光盘教学应用模式优化的案例研究——以新疆某农村小学为例 [D]. 乌鲁木齐：新疆师范大学, 2010.

[31] 钟艳萍. 小学语文孝敬主题教育序列教学研究 [D]. 成都：四川师范大学, 2017.

[32] 黄冬梅. 彝族小学汉语文教学策略的实践探索——以马边县某彝族小学五年级 (2) 班为例 [D]. 成都：四川师范大学, 2018.

[33] 罗茜. 重庆市合川区龙市小学语文"四力"追梦课堂教学模式的调查与研究 [D]. 延边：延边大学, 2020.

[34] 黎亚贤. 小学师生沟通的有效性研究 [D]. 长春：东北师范大学,

2010.

[35] 徐经纬. 小学语文第三学段学本式课堂教学实践研究 [D]. 哈尔滨: 哈尔滨师范大学, 2019.

[36] 唐雅婷, 刘克文. 试论中学化学教学中的情景创设 [C]. 第二届全国化学教育专题学术研讨会论文集, 2008: 62-65.

[37] 潘霞淑.《折线统计图》教学实录 [C]. 2020 课程教学与管理云论坛论文集, 2020: 138-140.